Susanne Richter

Herr von Knabberstein und andere tierisch gute Bibelgeschichten

Ein Praxisbuch für Schule und Kindergottesdienst

R. BROCKHAUS VERLAG WUPPERTAL

ABCteam-Bücher erscheinen in folgenden Verlagen:

Aussaat Verlag Neukirchen-Vluyn
R. Brockhaus Verlag Wuppertal
Brunnen Verlag Gießen und Basel
Christliches Verlagshaus Stuttgart
Oncken Verlag Wuppertal und Kassel

Umschlag: Dietmar Reichert, Dormagen
Zeichnungen im Innenteil: Susanne Richter
Gesamtherstellung: Breklumer Druckerei Manfred Siegel KG
ISBN 3-417-11135-8
Bestell-Nr. 111 135

INHALT

Einleitung

Zu den Geschichten

Die Geschichten dieses Buches sind ursprünglich in der Arbeit mit Kindern und Jugendlichen, u.a. in Konfirmandengruppen entstanden. »Biblische Geschichten einmal anders«, war das Motto. Kinder, Jugendliche und, wenn man ehrlich ist, auch Erwachsene können sich sehr gut mit Tieren identifizieren und lieben es, die Erlebnisse biblischer Gestalten einmal aus einer anderen, sonst eher unüblichen Perspektive mitzuerleben. Durch die Arbeit mit Kindern in der Schule ist schließlich die Idee der »tierisch guten Bibelgeschichten« ausgereift. Dabei entstanden auch Arbeitshilfen, die in Gemeinde, Schule oder Familie hilfreich sein können.

Noch lange nachdem ich diese Geschichten erzählt hatte, sind die Kinder auf mich zugekommen und haben nach Archibald, dem Wal, oder nach Benjamin, dem Schaf, gefragt, wobei sie Inhalte und Aussagen nicht nur behalten, d.h. kognitiv gelernt, sondern offensichtlich auch für sich und ihr Leben, insbesondere bei Konfliktlösungen in Anspruch genommen hatten. Die emotionale Seite ist beim Einsatz der Geschichten von großer Bedeutung. Gefühle, Meinungen, Ansichten bilden oder vertiefen sich, während die Kinder biblische Inhalte neu erleben. Wichtig bei der Arbeit mit diesen Geschichten ist, dass den Kindern immer genügend Zeit zum Nachdenken und zum Austausch von Gedanken gelassen wird. Das kann auf vielfältige Arten geschehen: durch das Gespräch, durch ein Bild, durch weiterführende Aufgaben, durch ein Spiel usw.

Je nach Alter der Kinder und Art, Situation, Größe oder Zusammensetzung der Lerngruppe können die Geschichten natürlich auch verkürzt, verlängert oder geändert werden. Man kann sie vorlesen, nacherzählen oder spielen, wobei vielleicht der Unterrichtende seine eigenen Talente entdeckt oder entwickelt und beginnt, selbst ähnliche Geschichten zu erfinden und mit Kindern gemeinsam auszuschmücken.

Zu den Arbeitshilfen

Da es sich um ein praktisches Arbeitsbuch handelt, habe ich auf Grundsätzliches zu den didaktischen Konzeptionen verzichtet. Ich denke, jede Lehrkraft, Jungscharleiterin oder kirchliche Mitarbeiterin wird ihr eigenes Konzept entwickeln und somit die Frage nach dem Warum für sich selbst beantworten können. Meine Ausführungen betreffen einzig und allein das Wie. Wobei auch betont werden muss, dass nachfolgend weder 45-Minuten-Stunden noch der Gesamtzusammenhang einer Unterrichtseinheit dargestellt werden. Die entwickelten Methoden beziehen sich jeweils nur auf den konkreten Einsatz der Geschichten.

Die Zusammenstellung von Arbeitshilfen möchte es Mitarbeitern in Gemeindegruppen, Lehrkräften und besonders armen, gestressten und manchmal völlig entnervten ReligionsanwärterInnen ermöglichen, aus einfachen methodischen Vorschlägen Anregungen zu erhalten und interessanten Unterricht zu konzipieren. Auch sie sind natürlich in der Weise beliebig zu verändern, zu erweitern oder zu verbessern, wie es jeder Einzelne für richtig hält und wie es der Situation oder dem Alter der Kinder entspricht. Materialien und Ideen können auch gerne in andere Inhaltszusammenhänge hineingenommen werden und biblische Geschichten sowie Begebenheiten aus dem Erlebnishorizont von Kindern thematisieren.

Wichtig für das Vorlesen von Geschichten ist, dass ein Hörauftrag gegeben wird. Die Kinder konzentrieren sich dann von ganz allein auf den Inhalt. Diese Höraufträge sind jedoch nicht zwingend und jederzeit zu variieren. Sie müssen nicht den Wortlaut oder den

Inhalt der von mir vorgeschlagenen Höraufträge haben, sondern können wieder nach Art, Alter der Kinder bzw. Situation oder Zusammensetzung der Gruppe abgeändert werden. Alle Methoden und Vorgehensweisen (darunter auch gängige Medien, wie z.B. die Bilder von Pankok usw.) sind von mir für den Einsatz und den Umgang mit den erfundenen Tiergeschichten in einen Zusammenhang gebracht, andere selbst entwickelt worden. Sie können aber auch separat und ohne diese Geschichten eingesetzt oder aber weitergedacht werden. Es ist ebenso möglich, die Geschichten auch einmal ganz ohne methodische Aufbereitung zu genießen und den Kindern einfach nur vorzulesen, vielleicht als »Bonbon«. Auch das ist zuweilen sehr fruchtbar und entspannend!

Ein Tipp noch für die Diskussionskreise:
Da viele Themen sehr Persönliches ansprechen und oft das Innerste der Kinder berühren, ist es wichtig, einen Vertrauensrahmen zu schaffen. Es bietet sich nicht an, sofort in die Tiefe zu dringen, wenn man die Kinder noch nicht gut kennt.

Im Verlauf der Gesprächsrunden hat sich ein »Rednerstein« bewährt (es kann auch ein beliebiger anderer Gegenstand gewählt werden). Nur das Kind, welches den Stein in der Hand hat, darf reden. Es darf auch nicht unterbrochen werden. So wandert der Stein durch die Runde, wobei die Kinder auch mehrmals drankommen können. Bei einem Unterrichtsbesuch in einer 1. Klasse einer Grundschule habe ich gesehen, dass die Lehrkraft den Stein in einer bunt bemalten und schön eingepackten »Schatztruhe« (einem kleinen alten Schuhkarton) aufbewahrte. Wenn die Diskussion eröffnet wurde, gehörte es zum Ritual, erst den kostbaren Schatz aus seiner Kiste zu holen und dann zu beginnen. Ganz ehrfürchtig hielten die Kinder den Stein in den Händen. Obwohl es nur ein gewöhnlicher Kiesel war, symbolisierte er für die Klasse einen wirklichen Schatz.

Weiterhin gibt es die Möglichkeit über anonyme Äußerungen der Kinder zu sprechen, wenn das Thema sehr persönlich oder heikel ist.

Ich habe oft einen alten Jutebeutel genommen, in dem die schriftlichen Beiträge der Kinder gesammelt wurden. Damit andere Kinder die Zettel nicht an der Schrift erkennen, ist es am Anfang ratsam, die Zettel selbst vorzulesen, ohne dass die Kinder die Schrift sehen. Nach einiger Zeit verzichteten die Kinder von ganz allein auf den Beutel, sie trauten sich immer mehr zu und gewannen Mut (und auch das Bedürfnis), sich vor den anderen mitzuteilen.

Ich wünsche mir, dass das hier Dargelegte vielen LehrerInnen und kirchlichen MitarbeiterInnen und damit schließlich auch vielen Kindern eine Hilfe ist, die zugleich zu neuen und eigenen Ideen anregt.

1. Lilly und das schlechte Wetter
(zur Arche-Noah-Erzählung: 1. Mose 6,5-9,17)

»Regen, Regen, nichts als Regen!«, klagte Lilly. »Mein Fell ist ruiniert, ich kann es putzen und lecken, so viel ich will, der Glanz ist hin!«

Lilly war eine stattliche Pumalady, deren glänzendes und gepflegtes Fell im ganzen Gebirge bekannt war. Jetzt saß sie entmutigt und traurig unter einem Felsvorsprung und versuchte mit allen Mitteln den alten Glanz wiederzugewinnen. Aber sie blieb erfolglos. Der tagelange Regen machte es ihr unmöglich die alte Eleganz wieder herzustellen.

»Da kannst du mal sehen«, erwiderte Jaffat, der es liebte sie zu necken, »wohin deine Eitelkeit dich treibt. Anstatt dich wie jeder vernünftige Puma damit abzufinden, dass es regnet, klagst und jammerst du die ganze Zeit.« Jaffat erhob sich lachend und versetzte der Pumadame einen Klaps mit seiner Pfote.

»Für mich jedenfalls bist du immer noch die Hübscheste«, neckte er sie, »obwohl du triefst und tropfst wie ein ganzer Gebirgsbach.« Jaffat schüttelte sich vor Lachen. Lilly war wirklich zu bemitleiden. Nass und dreckig hing das Fell an ihr herab, die schönen Augen blickten mürrisch, und nichts war geblieben von der Eleganz ihrer Bewegungen. Verzweifelt leckte Lilly ihr Fell, rieb sich an den noch trockenen Wänden und schüttelte immer wieder die Regentropfen von sich. Doch nach zwei Stunden hielt sie völlig erschöpft inne.

»Es ist zum Verzweifeln!«, rief sie ganz außer sich, wobei ihr Tränen der Wut in die Augen schossen. »Ein ganzes Leben habe ich damit zugebracht, mich zu pflegen und sauber zu halten, mich nicht im Schlamm zu wälzen und mich nicht unnötig dem Staub und Dreck des Gebirges auszusetzen – und nun das!« Sie rümpfte ihre feuchte

Schnauze und zog die Lefzen drohend hoch. »Wage es ja nicht, dich noch einmal über mich lustig zu machen, Jaffat!«, fauchte sie, »sonst setzt es was. Meine Krallen sind noch immer scharf, sie jedenfalls haben unter dem Regen nicht gelitten!«

Jaffat schloss sein Maul und hielt eine spitze Bemerkung zurück. Er konnte nur allzu gut nachvollziehen, wie Lilly sich fühlte, denn auch sein Fell war räudig geworden. Allen Katzen, ob kleinen oder großen, war Wasser und Nasswerden zuwider. Aber er jammerte nicht, wie Lilly es tat. Schließlich bin ich ein Pumamännchen, dachte er. Wo kämen wir denn da hin, wenn auch wir anfangen würden, wie die Waschweiber zu klagen und zu murren?

»Ganz schön energisch, die Kleine, was?«, ließ sich Gaban vernehmen, der jetzt aus der hinteren Ecke einer Felsenhöhle herausgeschlichen kam. Gaban war ein weiterer Puma aus Jaffats Sippe. Er war schon alt und humpelte mit der rechten Vorderpfote, aber er war immer noch schön und hatte seidig glänzendes Fell. Deshalb war Gaban auch ebenso eitel wie Lilly und fand daher nur wenig Ansehen bei seinem jüngeren Rivalen. Jaffat verabscheute Pumamännchen, die mit ihrer Schönheit angaben, wo sie nur konnten, selbst wenn sie schon uralt sein mochten. Aber eines musste man Gaban lassen: er war intelligent, schlau wie ein Fuchs und hatte immer die richtige Antwort auf scheinbar unlösbare Fragen parat.

»Was willst du?«, knurrte Jaffat, der sich im Plausch mit seiner Herzdame gestört fühlte.

»Nachsehen, was da draußen los ist«, erwiderte Gaban.

»Was soll schon los sein?«, fauchte Jaffat gereizt. »Es regnet eben. So was passiert doch jedes Jahr mindestens zwanzig Mal!«

»Ja, schon«, sagte Gaban, »aber es hat noch nie so lange geregnet, und vor allem nicht in die Höhle hinein. Es müssen wahre Wasserfluten vom Himmel kommen. Oder ist dir das entgangen?« Herausfordernd sah der alte Gaban von einem Felsen auf den jungen Hitzkopf hinunter, dann schlenderte er auf den Ausgang zu. Neugierig geworden sprang Jaffat hinter ihm her. Und wahrlich, alle Schleusen des Himmels schienen geöffnet zu sein. Dunkle Wolkenmassen trieben am Spätnachmittagshimmel vorüber, hielten die Sonne hinter sich verborgen und erlaubten es ihr nicht, auch nur einen ihrer Strahlen auf die Erde zu schicken. Jaffat stand hoch über dem kleinen Tal, das er seine Heimat nannte, auf einem großen Stein und blickte Gaban hinterher, der soeben zwischen dem dichten Gehölz schwarzer Kiefern verschwand. Außer dem starken Regen, der unüblich war für diese Jahreszeit, schien aber alles ganz normal zu sein. Jaffat konnte nichts Außergewöhnliches entdecken, denn schließlich war wieder Ruhe eingekehrt im Pumatal. Wenn er nur an die letzten Wochen dachte, sträubten sich seine Nackenhaare. Ein Krach war das gewesen! Menschen waren gekommen und hatten Fichten geschlagen. Hunderte von Bäumen waren niedergerissen, zersägt und abtransportiert worden. Andere Menschen, es waren die Weibchen, hatten Beeren gesammelt, Stroh und Heu eingeholt, Gemüse und Obst aufgelesen und schließlich hinab ins Tal der Puma getragen, wo sie alles in einem großen, merkwürdigen Holzkasten verstaut hatten.

Jaffat war neugierig geworden und ihnen gefolgt. Er hatte vier Männchen und vier Weibchen der Menschen beobachtet, wie sie diesen Kasten gebaut, wie sie Nahrung gesammelt und wie sie sich mit anderen Menschen aus den Städten gestritten hatten. Doch dann hatte Jaffat das Interesse verloren. Es waren eben irgendwelche Menschen, die irgendetwas Dummes taten, so wie alle Menschen. Als Jaffat gerade beschloss, wieder in die Höhle zu Lilly zurückzukehren, vernahm er eine krächzende Stimme über sich.

»Aufbruch! Aufbruch!«, krächzte ein Rabe aus dem wolkenschweren Himmel zu ihm herab.

»Es geht los! Es geht los! Endlich geht es los!«, rief der komische Vogel. »Haltet euch bereit, es ist Zeit, kommt zu zweit! Rab, rab, rab! Zu zweit oder zu siebt, wie es euch beliebt! Rab, rab!«

Der Rabe kreiste über Jaffats Kopf und schrie ihm direkt ins Ohr. Unwillig schlug der Puma mit seiner Pranke nach dem Vogel, der wirr vor seinen Augen flatterte.

»Was geht los?«, fragte er scharf. »Wer bricht auf? Und für was ist es an der Zeit?« Doch der Vogel ließ sich nicht von dem Puma beeindrucken, denn er war in der Luft vor ihm sicher.

»Noah ruft zur Arche bald, alle Tiere aus dem Wald, alle Tiere vom Gestein, lädt er zu sich ein!«, krächzte der Rabe schelmisch. »Wenn du ihm aber bist zu frech, fährt er ohne dich, so'n Pech!« Der Rabe verschwand im Grau des Himmels und zog seine Kreise weiter unten im Tal. Noch lange war sein Krächzen zu hören. »Aufbruch! Aufbruch! Aufbruch!«

»Wer soll das schon verstehen?«, murmelte Jaffat und kehrte zu Lilly in die Höhle zurück. Doch er kam nicht weit, denn schon hörte er ein Rauschen, ein Poltern, ein Gedonner und Getöse, dass ihm beinahe Hören und Sehen verging. Als er sich umblickte und ein zweites Mal hinunter ins Tal schaute, wollte er seinen Augen nicht trauen: Alle Tiere des Waldes, alle Freunde aus den Bergen, alle Vögel, die er jemals gesehen hatte, waren auf dem Wege ins Pumatal. Jedes Tier folgte einem anderen hinunter zu diesem merkwürdigen Holzkasten, den die Menschen errichtet hatten, um schließlich darin zu verschwinden.

»Lilly«, rief Jaffat, »schau dir das an, Lilly!«

»Ich will nicht!«, fauchte die Pumadame unfreundlich zurück. »Da vorne werde ich ja wieder ganz nass!«

»Aber die anderen Tiere verlassen uns, Lilly«, sagte Jaffat.

»Na und«, knurrte Lilly, »wenn es nicht regnen würde, wäre ich hier auch schon längst weg.«

»Du verstehst mich nicht«, sagte Jaffat, der immer aufgeregter wurde, »alle Tiere gehen! Sie sind auf dem Weg zu diesem Holzkasten im Tal. Der von den Menschen, Lilly! Und eben kam ein Rabe und krächzte etwas von Aufbruch! Lilly, die Tiere verschwinden. Lass uns gehen und nachsehen, was das zu bedeuten hat!«

»Bist du verrückt geworden? Um keinen Preis der Welt«, zischte Lilly, »das kannst du vergessen, ich geh doch bei diesem Mistwetter nicht nach draußen. Ich nicht!«

Unbehaglich streckte Lilly ihre Pfoten aus und reckte ihre müden Glieder. Sie betrachtete missmutig ihre Krallen.

»Hier ist es wenigstens halbwegs trocken«, brummte sie.

Es ist doch immer das Gleiche, dachte Jaffat, Eitelkeit geht vor Vernunft! Schließlich gab er es auf und kuschelte sich an Lilly heran, um sie zu wärmen und selbst etwas Wärme zu bekommen. Eine halbe Stunde lagen sie so, als Gaban wiederkehrte.

»He, ihr Schlafmützen«, rief er, »beeilt euch, sonst legt die Arche ohne euch ab!«

Jaffat hob schläfrig den Kopf. »Arche?«, murmelte er.

»Na, das Schiff da unten im Tal!«, erwiderte Gaban. »Der Mensch ruft die Tiere zusammen, um sie vor dem Ertrinken zu retten«, erklärte er den beiden jungen Pumas.

»Ertrinken?« Lilly sah den alten Puma ungläubig an. »Schiff im Tal? Aber hier ist doch überhaupt kein Meer, nicht mal ein See oder ein Teich, auf dem ein Schiff fahren könnte! Dass ich nicht lache, so ein Quatsch!«

»Sei vorsichtig, Lilly«, erwiderte Gaban ruhig, »du redest wie die spottenden Menschen, die Noah auch nicht glauben wollten. Aber es regnet nicht umsonst so stark. Die Welt wird überflutet werden!« Gaban hatte das so ernst und nachdrücklich gesagt, dass Lilly unter ihrem dicken Fell eine Gänsehaut bekam. Dann stimmten die Gerüchte, die in den Bergen umgingen, also doch: Die Arche war das Rettungsboot für alle Tiere. Lilly sprang auf ihre Pfoten. Plötzlich verspürte sie Panik, sie wollte nicht die Einzige sein, die das rettende Boot verpasste.

»Lasst uns sofort aufbrechen!«, rief sie und lief auf den Ausgang zu.

Jaffat sah sie verblüfft an. »Seit wann gehst du freiwillig in den Regen?«, fragte er einigermaßen überrascht. »Vorhin war dir dein Fell noch wichtiger!«

»Red keinen Unsinn und komm!«, fauchte Lilly über die Schulter hinweg. »Oder willst du hier bleiben und ersaufen?« Jaffat, der jetzt gar nichts mehr verstand, trottete seiner Herzdame hinterher. »Das soll einer verstehen«, murmelte er. Auf dem Weg ins Tal begegneten den Pumas viele Bekannte und Freunde, aber auch Tiere, die ihnen sonst als Nahrung dienten. Doch Jaffat verspürte weder den geringsten Hunger noch Lust zu jagen. Nach einer Stunde hatten sie endlich den Holzkasten erreicht, der sich majestätisch in den grauen Regenhimmel reckte. Wassermassen kamen die Hänge herunter, überall wurden kleine Rinnsale zu großen, reißenden Bächen. Bei dem Anblick war Jaffat froh, in diesem Ding da vor ihm Unterschlupf zu finden. Bevor sie die Arche betraten, blieb Gaban jedoch plötzlich stehen.

»Hier werden sich unsere Wege trennen«, sagte er, »ihr müsst ein neues Leben beginnen und dafür sorgen, dass unsere Art nicht ausstirbt, so wie unser Herr es will.«

»Aber was ist mit dir, Gaban?« Lilly war außer sich. »Du kannst doch nicht einfach hier bleiben, wo doch alles überschwemmt wird!«

»Ich bin schon alt, mein Leben ist ohnehin bald vorbei«, erwiderte Gaban ruhig, »ich würde nur einem anderen, jüngeren Tier den Platz wegnehmen. Und wer weiß, vielleicht würde ich die lange Fahrt gar nicht überleben? Nein, es ist besser so. Ihr seid jung, ihr werdet es richtig machen. Lebt nun wohl!«

Mit diesen Worten verschwand der alte Puma humpelnd im Gedränge der nachströmenden Tiere. Lilly wollte dem alten Puma hinterherspringen, doch die Tiere, die ihr auf dem Weg in die Arche folgten, drängten sie voran, sodass ihr nur ein letzter Blick auf den Freund blieb.

»Gaban!«, konnte sie noch rufen, dann umschloss sie der Bauch der Arche. Lilly war traurig. Sie trauerte um Gaban, der ihr und Jaffat den Vortritt gelassen hatte. Als sie mit Jaffat schließlich auf ihrem weichen und vor allem trockenen Lager ruhte und das Schiff von den Fluten des Wassers davongetragen wurde, galten ihre letzten Gedanken Gaban. In tiefer Liebe dachte sie an ihn.

»Danke, alter Freund«, murmelte sie, dann schlief sie ein.

Arbeitshilfen

a) Verlaufsskizze:

Voraussetzung für diese Geschichte ist das Kennen der Sintfluterzählung. Die Kinder sollten z. B. wissen, wer Noah war, wer seine Helfer beim Bau der Arche waren und was es mit den Tieren auf sich hatte.

◇ Ist das bekannt, dann kann die Geschichte vorgelesen werden.

Hör-auftrag: *Wer in der Geschichte hat zuerst einen Verdacht, dass irgendetwas an dem Regen nicht stimmt? Was sagt der Rabe dazu?*

◇ Ein kurzes Gespräch schließt sich an.

Auftrag: *Was für ein Tier würdest du gerne sein? Male es in den Pappkreis und klebe es anschließend auf die Wäscheklammer!*

◇ Pappkreis und Wäscheklammern werden verteilt.

◇ Es ist sinnvoll, dass sich die Kinder mit den Tieren identifizieren, um die Enge an Bord der Arche besser nachvollziehen zu können. Jedes Kind soll sich für ein Tier entscheiden und es aufmalen. Es entstehen Buttons, die das Kind mit einer Wäscheklammer an seinem Pulli befestigen kann.

◇ Mit Fußfliesen, einem Teppich oder einer alten Decke, kann dann im Raum die Arche ausgelegt werden. Die Kinder gehen nun paarweise auf die Decke und setzen sich dicht zusammen. So erleben sie die Enge im Schiff, die Starre und Bewegungslosigkeit, aber auch eventuell die wohltuende Nähe anderer.

◇ Mit einem Regenstab können die Sturm- bzw. Regengeräusche nachgemacht werden. Dabei kann eine kleine Konzentrationsübung mit eingeschlossen werden:

Auftrag: *Versucht einmal zu hören, wann der letzte Regentropfen gefallen ist!*

◇ Erfahrungsgemäß werden die Kinder einer Gruppe ganz von alleine still, da sie angestrengt auf das Geräusch des »Regens« im Regenstab lauschen. Sinnvoll wäre es, wenn die Kinder die Augen schließen.

◇ Anschließend wird die Geschichte der Sintflut weitererzählt, wobei die Kinder sich entsprechend bewegen sollen, z.B.: »Die Giraffe hatte so einen langen Hals, den musste sie oft strecken.« Oder: »Der Löwe gähnte laut.« »Die Elefanten schaukelten von einer Seite zur anderen.« »Die Schafe blökten.« »Und die Katzen kuschelten sich noch enger aneinander . . .«

◇ Dann endlich endet die Sintflut, die Arche landet und die Tiere können endlich diesen engen Raum verlassen.

◇ Die Arche wird verlassen und die Freude der Tiere darüber wird nachempfunden.

◇ Die Figuren von Noah und seiner Familie werden an eine Tafel oder auf eine Pappe geklebt.

◇ Die Lehrkraft erzählt, dass Noah sich so freute, dass er einen Altar baute und Gott dankte.

Auftrag: *Wofür könnten die Tiere Gott wohl danken?*

◇ Die Kinder bekommen jeder einen »Stein« aus grauem Tonpapier, auf den sie ein Dankgebet der Tiere schreiben. (Mit jüngeren Kindern würde ich in einem Gespräch schon einige Möglichkeiten mündlich nennen lassen.)

◇ Die Dankgebete werden vorgelesen, zu einem Altar zusammengebaut und an die Tafel bzw. auf die Pappe geklebt. Schließlich malt noch jedes Kind sein eigenes Tier und klebt es dazu.

b) Alternativen:

◇ Jedes Kind der Gruppe kann zu Beginn der Geschichte ein Tier pantomimisch darstellen, erraten muss es die Gruppe. Diese Übung sensibilisiert die Kinder für die Bewegungen einzelner Tiere, die sie ja in der »Arche« brauchen.

◇ Des Weiteren kann man sich überlegen, ob man anstelle des Tonpapiers lieber Transparentpapier nimmt und ein Fensterbild entstehen lässt. Besonders der Regenbogen, den man mit den Kindern gemeinsam herstellen kann, leuchtet wunderbar, wenn die Sonne in den Raum scheint.

◇ Bei jüngeren Kindern sollte man darauf achten, dass die »Steine« mit Linien versehen sind, denn sie haben sonst Schwierigkeiten gerade zu schreiben. Auch muss man sich fragen, ob man vielleicht einige Stichworte oder Lückentexte vorgibt, wenn die Kinder noch sehr jung sind oder zu den lernschwächeren gehören.

◇ Eine Sammelkiste mit Anregungen für Freude- oder Dankbegründungen der Tiere, in der die Kinder wühlen können, bewirkt manchmal Wunder.

◇ Auch das Malen der Tiere auf einen Button könnte zu Schwierigkeiten führen. Es ist hilfreich, wenn man einige Schablonen oder kopierte Vorlagen zur Verfügung stellt.

c) Materialien:

1. Tierschablonen
2. Steinform
3. Noah und seine Familie: Figuren

Einige Kopiervorlagen von verschiedenen Tieren zum Aufkleben auf eine Wäscheklammer oder auf einen Button (großkopiert auch als Vorlage für die Tierzeichnungen, die neben die Dankgebete auf den Altar geklebt werden):

Form eines Steines aus (grauem) Papier:

Familie - Noah - Figuren (eine Auswahl):

2. Bis wir den Himmel erreichen

(zum Turmbau zu Babel: 1. Mose 11,1-9)

»Kompaniiiiie, haaaaalt!«, schrie der Hauptmann der Ameisenwacht. »Im Gleichschritt! Marsch!« Die gesamte Reihe der Ameisen setzte sich wieder in Bewegung. Strammen Schrittes marschierte die Kolonne über einen Zedernast, um eine dicke Raupe einzusammeln, die ihnen als Nahrung dienen sollte.

»Immer diese Schinderei«, klagte Joschi leise, der es satt hatte, ausgenutzt zu werden.

»Sei lieber ruhig, Joschi«, raunte ihm sein Freund von hinten zu. »Wenn der Hauptmann das hört, lässt er dich noch mehr ackern!« Aber Joschi wollte nicht so schnell klein beigeben.

»Ist doch wahr!«, schimpfte er. »Wir sind tausende von Ameisen, und immer muss ich mit auf Streife. Gibt es für Ameisen nichts anderes zu tun, als immer nur Raupen einzusammeln, Wache zu schieben oder die Eier nach draußen an die Sonne zu tragen?« Resigniert stapfte Joschi den anderen Ameisen hinterher, die die Raupe nun auf ihre Rücken luden. Der Hauptmann sah Joschis mürrischen Gesichtsausdruck und kam drohend auf ihn zu.

»Machst du schon wieder Schwierigkeiten, Nummer 12?«, fragte er in so einem barschen Ton, dass einem der Schreck in die Glieder fahren konnte. Doch Joschi hatte keine Angst mehr vor dem Hauptmann.

»Ich dachte gerade, dass die Raupe nicht unbedingt einer Königin würdig ist«, meinte Joschi in einem unschuldigen Tonfall, »vielleicht habe ich deshalb ein bisschen mürrisch geschaut.«

»So, so«, schnaubte der Hauptmann, doch er konnte Joschi nichts anderes nachweisen. »Pass nur auf«, fügte er jedoch ärgerlich hinzu, »dass du uns nicht eines Tages auf unerklärliche Weise abhanden kommst.« Mit diesen Worten drehte sich der Hauptmann um und setzte sich an die Spitze des heimkehrenden Zuges. Joschi wusste nicht, warum der Hauptmann ihn nicht leiden konnte. Vielleicht war es der Umstand, dass er ein ganz besonderer Liebling der Königin war. Es hatte schon etwas zu bedeuten, wenn die Königin eine unter Tausenden von Ameisen wieder erkannte, freundlich ansah und zuvorkommend behandelte. Sicherlich hätte diese Ehre dem Hauptmann gebührt, doch Joschi war zur richtigen Zeit am richtigen Ort gewesen und hatte der Königin das Leben gerettet. Träumerisch blickte Joschi in die Vergangenheit und dachte an den riesigen Bau, den die Ameisen in harter Gemeinschaftsarbeit errichtet hatten:

»Noch ein Stück«, schrie Ameise Nummer 153, »gleich haben wir es geschafft, nicht locker lassen!« Mit einer letzten großen Anstrengung schoben und zerrten hunderte von Ameisen an einem riesigen Stück Zedernholz, das sie für ihren Ameisenbau brauchten. Die Königin hatte beschlossen, es den Menschen nachzumachen. Diese bauten einen so mächtigen Turm, dass er schon weit in den Himmel hineinragte. Gott ganz nah wollten sie sein – und berühmt werden! Seit Monaten, ja sogar seit Jahren schon schufteten sich die Menschen ab, setzten einen Stein auf den anderen, quälten Tiere mit Peitschen, zogen dicke Quader an rauhen Stricken und erhöhten ihren Turm jeden Tag um ein kleines Stück.

»Das wird ein gewaltiger Bau«, bewunderte die Ameisenkönigin das Werk der Menschen. Sie schwärmte tagelang von diesem kunstvollen, prächtigen Turm, bis sie sich schließlich entschloss, es den Menschen nachzumachen.

»Mein Volk!«, sagte sie in einer feierlichen Ansprache. »Wir sind ein fleißiger und zuverlässiger Stamm, der harte Arbeit und entbehrungsreiche Zeiten nicht scheut. Lasst uns unsere Kraft gemeinsam nutzen und einen noch schöneren und noch prächtigeren Turm bauen, als es die Menschen dort drüben tun.« Sie deutete mit ihren schlanken Beinchen hinüber zur Menschenstadt. Bei diesem Anblick hatte sich Joschi sofort in die Königin verliebt. Sie war so anmutig und schön, so graziös und edel. Er bekam kaum noch Luft und schwor sich an diesem Tage feierlich, ihr immer treu zu dienen und sie vor Gefahren zu schützen.

»Lasst uns das Werk beginnen«, rief die Ameisenkönigin mit ihrer hellen, klaren Stimme. »Auf, mein Volk!« Tausende von Ameisen jubelten ihr zu, und Joschi schrie am lautesten von allen.

Gleich am nächsten Tag begannen sie mit der harten Arbeit, während die Königin sich zurückgezogen hatte, um weitere Eier zu legen und das Volk zu vergrößern. Die Ameisen schleppten Hölzer, ganze Äste, Blätter, kleine Steinchen, Moos und Gras, aber der Turm schien einfach nicht höher zu werden. Viele starben vor Entkräftung, wurden krank oder hungerten schrecklich, denn auf Nahrungssuche gingen nur noch wenige. Dennoch arbeiteten sie fleißig weiter, schufteten Tag ein, Tag aus und priesen den Namen ihrer Königin.

Oft kam sie heraus aus ihrer Kammer und begutachtete das Vorankommen des Baus, dann ermunterte sie ihre Untertanen und verglich ihren Turm mit dem der Menschen.

»Ihr kommt voran!«, rief sie froh. »Macht weiter so, ihr Lieben!«

Tatsächlich begann der einst kleine Ameisenhügel nun so zu wachsen, dass es selbst den anderen Tieren im Wald auffiel. Er war schon so hoch, dass die Ameisen dem Eichhörnchen, das in der alten Zeder wohnte, in den Bau schauen konnten. Eines Tages jedoch, als wieder einmal alle bei der Arbeit waren und Joschi ganz damit beschäftigt war, einen Ast auf den Berg zu zerren, kam die uralte, weise Eule zu ihnen und setzte sich direkt über ihren Turm auf einen Zedernast.

»Ich möchte eure Königin sprechen«, sagte sie. Sofort lief ein Diener los, um die Königin zu holen, denn es schien sehr wichtig zu sein. Die Eule kam nämlich nur in ganz dringenden Angelegenheiten zu den Tieren des Waldes, und immer sprach sie mit höchster Autorität, denn sie hatte einen direkten Draht nach oben – zum Allmächtigen. Als die Ameisenkönigin von der Ankunft der Eule hörte, zog sie ihr prächtigstes Gewand an und rückte sich ihre Krone zurecht.

»Ihr wünscht mich zu sprechen?«, fragte sie, als sie unter die Zweige der alten Zeder trat. Die Eule erwiderte nichts, sondern musterte die Ameisenkönigin eindringlich. Dann nickte sie. Die Königin wurde etwas unruhig, der Besuch der Eule verhieß nichts Gutes, so schien es ihr.

»Seht dort hinüber, eure Majestät«, sagte die Eule schließlich und wies mit einem Flügel auf das Menschenwerk. »Der Allerhöchste ist wütend über diese Menschen, die versuchen, bis an den Himmel zu gelangen. Er hat vor, ihnen ihre gemeinsame Sprache zu nehmen, damit sie sich nicht mehr verstehen können. Nun hat er aber gesehen, dass auch ihr einen Turm baut, der dem der Menschen beunruhigend ähnelt. Habt auch ihr vor, bis in den Himmel zu bauen?«

Die Eule sah die Ameisenkönigin eindringlich an. Verlegen schaute die Königin auf den Boden, sie fühlte sich ertappt.

»Aber nein«, sagte sie schnell, zu schnell. »Ich vergrößere nur meinen Bau für die Nachkommen, die bald schlüpfen.« Doch noch während sie sprach, merkte sie, wie unglaubhaft es klang. Ihr Bau war längst groß genug, um mindestens zehn weitere Generationen zu beherbergen. Die Eule drehte den Kopf. »Verlasse noch heute mit deinem Volk den Ameisenhaufen«, sagte sie streng, »sonst wird dich das gleiche Schicksal treffen wie die Menschen dort drüben.«

Kaum hatte die Eule zu Ende gesprochen, als die Menschen wild durcheinander schrien, sich gegenseitig umrannten, sich an den Armen und Schultern rüttelten und mit fragenden Gesichtern auseinander stoben. Steine, Ziegel und Seile wurden fallen gelassen, die Arbeit stoppte von einer Minute auf die andere, weil die Menschen sich untereinander nicht mehr verstanden. Jeder sprach eine andere Sprache, und die Ameisenkönigin musste mit Schrecken feststellen, dass alle getane Arbeit umsonst gewesen war.

Sie senkte ihre Augen und flüsterte: »Noch heute verlasse ich diesen Berg und beginne einen neuen Bau, der nur die Größe haben wird, die nötig ist.« Beschämt drehte sie sich um und wollte gerade im Ameisenturm verschwinden, als die Spitze des Ungetüms gefährlich schwankte, anfing zu bröckeln und schließlich mit einem lauten Krachen herniedersauste und die erschrockene Königin unter sich zu begraben drohte. Wie von selbst liefen Joschis Beinchen, er kletterte flink an einem Ast hinauf, ergriff blitzschnell die Königin und zog sie mit letzter Kraft zu sich hoch auf den sicheren Zedernzweig. Bestürzt, aber überglücklich lächelte die Königin Joschi an, und Joschi lächelte zaghaft zurück.

»Was grinst du so blöd, träumst du schon wieder?«, rief der Hauptmann ärgerlich und versetzte Joschi einen Stoß in die Seite. »Wir sind am Tor. Lauf gefälligst vor und öffne es, wie es deine Aufgabe ist!«

Die Gegenwart hatte Joschi wieder, der graue Alltag. Joschi schüttelte die Gedanken ab und trabte der Ameisenkolonne voraus. - Auch wenn aus dem Bau des höchsten Turmes nichts geworden war: In seinen Träumen baute Joschi der Königin ein Märchenschloss nach dem anderen!

Arbeitshilfen

a) Verlaufsskizze:

Die Geschichte des Turmbaus zu Babel sollte den Kindern bekannt sein, da der Zweck des Bauens und der anschließenden Sprachverwirrung dann nicht erklärt werden muss.

Hör-auftrag: *An welches Ereignis erinnert sich Joschi in seinen Tagträumen?*

◇ Die Geschichte »Bis wir den Himmel erreichen« wird vorgelesen.

◇ Ein Gespräch schließt sich an. Hierbei könnte das Verhalten der Tiere und das Verhalten der Menschen besprochen werden.

- Auch heute werden große Häuser gebaut. Was war anders an dem Turm zu Babel?
- Was bedeutet es, nicht zur eigenen Ehre etwas zu tun, sondern zur Ehre Gottes?
- Vielleicht schließt sich ein Gespräch über Tempel- oder Kirchenbauten an.
- Es geht also um das Bauen, und auch wir wollen heute etwas bauen: einen Turm, aber nur einen ganz kleinen.

◇ Mit einer Gruppe machte ich dabei folgende Erfahrung: Wir suchten nach Vorschlägen, mit welchen Mitteln man einen Turm bauen kann. Einige Kinder kamen auf die Idee, Streichhölzer zu verwenden. Ameisen würden ja auch kleine Hölzchen übereinander stapeln. Wir stimmten zu, und wir begannen unser Werk.

Die Kinder sammelten Streichhölzer, die ich alle in mühsamer Arbeit entweder »köpfte« oder kurz anzündete, um sie zu entschärfen. Aber auch kleine Hölzchen aus der Natur dienten zum Turmbau.

Einige Kinder zeichneten Modelle für unseren Turm, der später ziemlich verworrene Formen annahm. Die Streichhölzer wurden mit Leim oder Alleskleber über- oder aneinander gesetzt. Fenster und Eingänge wurden gelassen, und sogar zu einem Dach hat es gereicht.

Am Ende bildeten die letzten zwei Streichhölzchen das Zeichen Jesu, ein kleines Kreuz, das hoch oben auf unserem sehr wackeligen Bauwerk thronte. Die Kinder wollten es so: ein Haus Gottes, eine Kirche, denn ihm zur Ehre hatten sie es gebaut. Er sollte erhöht werden, niemand sonst. Natürlich muss das nicht unbedingt sein, einigen Kindern kommt der Gedanke daran sicherlich nicht. Man sollte als Lehrkraft nicht darauf bestehen. Wir haben im Anschluss das Lied: »Lord, I lift your name on high« gesungen (in: Singt von Jesus, Bd. 3, Nr. 181, Born Verlag, Kassel 1996).

b) Alternativen:

◇ Man kann die Kinder auch einen eigenen Turm malen lassen, dazu empfiehlt es sich, mit ihnen eine Phantasiereise ins Land des riesigen Turmes zu machen. Die Bilder, die die Kinder in ihrer Phantasie sehen, werden anschließend auf großen Blättern (der Turm ist schließlich groß!) gemalt.
Mit älteren Kindern lohnt es sich, das Bild »Der Turmbau zu Babel« von Pieter Bruegel, dem Älteren (1563) anzuschauen und mit den eigenen Bildern zu vergleichen.
- Was ist alles zu sehen?
- Welche Vorstellungen hatte der Künstler von dem Turm?
- Was tun die Menschen auf dem Bild?

Eine adventliche Variante:

◇ Im Advent kann das Bauen eines Turmes mit dem Herstellen eines Kalenders für die Kinder verbunden werden.
Es werden 24 Streichholzschachteln gleichmäßig an die Kinder verteilt. Jedes Kind verziert seine Streichholzschachteln mit buntem Papier oder Ähnlichem.

Auftrag: *Umklebt eure Streichholzschachteln, verziert und bemalt sie!*

◇ Wir wollen einen Adventskalender herstellen:

Auftrag: *Baut aus 24 Streichholzschachteln einen Kalenderturm, so dass man jede Schachtel noch aufziehen kann.*

◇ Damit dieser Turm nicht nur den Kindern zur Ehre gereicht, sondern auch Gott, werden nicht nur kleine Süßigkeiten, sondern ebenfalls 24 Bibelverse, die etwas mit Weihnachten zu tun haben, auf dünnen Pappstreifen in die Schachteln gelegt.

Ab dem ersten Dezember ist dann jedes Kind der Reihe nach dran, eine Schachtel zu öffnen, die Süßigkeit zu vernaschen und den Vers vorzulesen.
In einer anderen Stunde haben wir festgestellt, dass man auch aus anderen Materialien wunderbar etwas herstellen kann. Wir haben die Stadt Betlehem, den Stall und die Krippe aus Pappmaschee, alten Füllerpatronen, aus Draht, aus Joghurtbechern usw. gebaut. Toll!

c) Materialien:

1. 24 Streichholzschachteln (es kann auch die doppelte Anzahl sein, denn es gibt ja auch Kalender mit Doppeltüren)
2. 24 Bibelsprüche, die zu Weihnachten passen (z.B. »Ich bin das Licht der Welt«)
3. Eventuell das Lied: »Lord, I lift your name on high«
4. So viele Streichhölzer wie man bekommen kann, oder andere Baumaterialien
5. Kleber oder Leim
6. Eine große Unterlage
7. Farbe (wer möchte, kann den Turm auch bunt gestalten)
8. Eventuell das Bild »Der Turmbau zu Babel« von Pieter Breughel, dem Älteren (1563)

Bild von Pieter Breughel (1563)

3. Das Modell

(Zur Verehrung des goldenen Kalbs: 2. Mose 32,1ff)

Die Sonne stand hoch am Himmel und sandte ihre sengenden Strahlen erbarmungslos auf das Volk des Herrn und seine Tiere herab. Seit nunmehr vierzig Jahren waren sie durch die Wüste gewandert, immer den Wegweisungen Gottes folgend, die sie im Kreis zu führen schienen. Oft murrte das Volk, denn einmal fehlte es an Wasser, ein anderes Mal an Brot, und dann war es wieder das Fleisch, das knapp wurde. Aber das Volk wurde doch mit allem versorgt, bis es schließlich an einem riesigen Berg lagerte, von dem aus Gott zu ihm sprach. Ein einzelner Mann von ihnen, sie nannten ihn alle Mose, kletterte die Felsen herauf und blieb eine lange Zeit verschwunden, so dass das Volk natürlich wieder zu murren begann.

Lonzo kümmerte das alles nicht. Er war ja noch nicht lange auf der Welt, und die Geschichten, die die alten Kühe ihm erzählten, hörten sich einfach zu phantastisch an. Brot, das vom Himmel fällt, dachte er, dass ich nicht lache. Und Wasser, das aus einem Stein sprudelt? Nein, die Erwachsenen spinnen. Sie waren zu lange in der heißen Sonne!

Lonzo war ein junges Kalb, das vor Kraft nur so strotzte. Wenn er nicht herumtobte, dann ärgerte er die Alten oder stahl sich von der Herde fort, um die Menschen zu beobachten.

»Merkwürdige Tiere!«, murmelte er so manches Mal, wenn er die Menschen sah. »Wie schaffen sie es nur, auf zwei Beinen zu gehen? Ich komme immer nur ein paar Schritte weit, wenn ich mich aufbäume. Aber vielleicht muss es einfach so sein.« Tiefschürfendere Gedanken machte sich Lonzo nicht, denn er war schließlich ein junger Stier und kein Gelehrter. Lonzo war stolz auf seine Größe, seine Kraft und seine Schönheit. Alle Kühe, Stiere und sogar die alten Ochsen drehten sich nach ihm um, wenn er an ihnen vorbeitrabte. Seine Mutter schärfte ihm immer ein, dass er nicht so hochmütig sein dürfe, doch auch das interessierte den jungen Stier nicht. Im Gegenteil, er setzte sich nur noch mehr in Pose, zeigte noch öfter seinen kräftigen Körper und stellte noch auffälliger seine Schönheit zur Schau.

Eines Tages passierte jedoch etwas ganz Außergewöhnliches, das zur Folge hatte, dass Lonzo sich erst für das schönste Kalb auf der ganzen Welt hielt und dann für das dümmste, das Gott je erschaffen hatte. Er war unterwegs auf einem seiner Streifzüge durchs Lager, als er zwei Menschen sah, die sich angeregt über etwas unterhielten. Sie waren so sehr in ihr Gespräch vertieft, dass sie das junge Stierkalb nicht einmal bemerkten. Lonzo konnte es aber nun gar nicht gut leiden, wenn man ihn nicht bestaunte. So beschloss er kurzerhand, die Aufmerksamkeit auf sich zu ziehen, indem er mit gesenkten Hörnern – und die hatte er schon, wenn auch nur kleine – auf ein Rudel von Hunden zustob, die kläffend auseinander sprangen. Neugierig und verstohlen blinzelte Lonzo zu den beiden Menschen herüber, die jetzt ihr Gespräch tatsächlich unterbrochen hatten und bewundernde Blicke auf den Jungstier warfen. Na bitte, dachte Lonzo zufrieden, wer sagt's denn! Meine Kraft muss einfach jedem auffallen.

Was aber der junge Stier nicht bemerkte, war das Leuchten in den Augen der Menschen, als sie ihn erblickten. Und dieses Leuchten verriet nichts Gutes. Aber Lonzo war arglos. Er trottete schon weiter, als plötzlich ein hartes Seil um seinen Nacken fiel. Erschrocken sprang er vorwärts, doch das Seil hielt ihn gefangen und schnitt ihm schmerzhaft in den Hals. Angstvoll drehte Lonzo den Kopf und erblickte die beiden Menschen, die sich noch eben so angeregt unterhalten hatten. Jetzt kamen sie auf ihn zu und musterten ihn von oben bis unten, betasteten seine Muskeln, schauten ihm ins Maul, gerade so, als wenn er geschlachtet werden sollte. Obwohl Lonzo erst ein Jahr alt war, hatte er doch schon etliche Male beobachten müssen, wie Tiere aus der Herde herausgenommen wurden, die dann den Menschen als Nahrung dienten. Immer hatten die

Menschen diese Tiere mit Sorgfalt ausgewählt und genau betrachtet, so wie sie es jetzt mit ihm taten.

»Ach, wäre ich doch nur lautlos an ihnen vorbeigeschlichen«, schluchzte das Kalb. »Dann wäre ich jetzt nicht in dieser heiklen Situation. Mutter hat immer zu mir gesagt: ›Halte dich von den Menschen fern, mein Sohn, sie essen uns!‹ Ich wollte nie auf sie hören . . .«

Die zwei Männer zogen und zerrten an der Leine. Lonzo musste widerwillig folgen. All seine Kraft nützte gegen die Menschen nichts. Bis zu einem großen Zelt brachten sie ihn, dort banden sie ihn an und versicherten sich, dass er sich nicht befreien konnte. Es dauerte eine kleine Ewigkeit, bis die Männer in Begleitung eines dritten Mannes aus dem Zelt heraustraten. Dieser nickte nur und sagte etwas, was Lonzo nicht verstehen konnte. Der junge Stier zitterte am ganzen Körper. Doch irgendetwas an der Art und der Stimme des Mannes ließ Lonzo neugierig aufhorchen. Irgendwie war die Stimme beruhigend, auch tätschelte der Mann jetzt Lonzos Fell. Taten das Menschen, die ein Tier töten wollten? In Lonzo keimte ein wenig Hoffnung auf.

Drei weitere Männer kamen nun herbei, betrachteten das Kalb und grinsten über das ganze Gesicht. Ein seltsam leuchtender Ausdruck trat auch in ihre Augen. Dann liefen sie los, in jedes Zelt, und sammelten etwas ein, das wie kleine Sterne aussah. Lonzo hatte es oft an den Händen und Ohren der Frauen gesehen. Es waren funkelnde Gegenstände, die die Männer und Frauen nun in einen riesigen Topf taten, der über ein prasselndes Feuer gehängt wurde. Was taten denn die Menschen jetzt schon wieder? Sie zerstörten ja diese schönen Dinge! Lonzo sah ganz deutlich, wie die glitzernden Sachen im Topf zu schmelzen anfingen. Unter der Hitze des Feuers flossen sie ineinander, bis ein einziger, zäher, heißer Brei übrig blieb.

In der Zwischenzeit war der dritte Mann in einem Zelt verschwunden. Nun trat er heraus und hatte ein Stück Pergament und ein Stück Kohle bei sich. Er setzte sich neben Lonzo auf die Erde und fing an, ihn genau zu betrachten. Anfänglich fühlte Lonzo sich ganz unbehaglich, aber als er merkte, dass der Mann ihn nicht schlachten, sondern zeichnen wollte, hob er stolz seinen Kopf in die Höhe und reckte die breite Brust. Die Menschen jubelten ihm zu und klatschten Beifall. Alles, was der junge Stier nun fühlte, war Stolz. Er regte sich nicht mehr und stand still wie ein gegossenes Standbild. Nach einer halben Stunde etwa war der Mann fertig. Er ging fort und nahm die Zeichnung mit. Lonzo aber durfte noch immer nicht zur Herde zurück. Was hatten die Menschen mit ihm vor?

Gegen Abend sollte er endlich erfahren, wozu er gedient hatte. Der Mann kam mit einer großen Gussform wieder, in die die Menschen nun die heiße, zähflüssige Masse gossen. Dann vergruben die Menschen die Form im Sandboden und warteten die ganze Nacht. Am nächsten Morgen holten sie die Form heraus und zerbrachen sie. Etwas Glänzendes kam zum Vorschein. Lonzo reckte neugierig seinen kurzen Hals in die Höhe, um besser sehen zu können. Fast wäre er vor Schreck umgefallen – vor ihm stand in Lebensgröße ein zweiter Lonzo, reglos, glänzend, ganz aus Gold. Die Menschen jubelten, fielen auf die Knie, beteten das goldene Kalb an und brachten ihm Opfer dar. Lonzo aber dachte zum ersten Mal in seinem jungen Leben richtig nach. »Das ist nicht recht«, sagte er sich, »ich bin doch kein Gott, den man anbeten kann. Und auch mein Abbild ist es nicht. Mutter hat einmal gesagt, dass Gott alle Tiere und Menschen geschaffen hat, dass aber die Menschen ihm am ähnlichsten seien. Und nun machen die Menschen einen Stier zu ihrem Gott? Nein, das ist nicht richtig!«

Lonzo begann, sich gegen die Stricke zu wehren, die ihn hielten und schrie nach seiner Herde. Die Menschen machten ihn endlich los und jubelten ihm zu, als er schnell davonlief und sich nicht noch einmal umdrehte. Verrückt sind die geworden!, dachte er.

Am gleichen Abend jedoch erzählten sich die alten Kühe eine neue Geschichte. Der Mann, der Mose hieß, sei vom Berg herabgestiegen, wo Gott mit ihm geredet habe. Zornig sei er gewesen, als er das goldene Menschenwerk erblickte.

»Er hat das goldene Kalb zerstört«, erzählte die alte Maja und kaute genüsslich auf ihrem Gras. »Er hat das goldene Kalb zerstört und die Menschen bestraft!«

Lonzo nickte zustimmend und wünschte sich, nie wieder Modell stehen zu müssen für diese dummen Menschen.

Arbeitshilfen

a) Verlaufsskizze:

Es ist kein Vorwissen über diese Geschichte notwendig, da anhand der Erzählung Informationen aufgearbeitet werden können.

◇ Stummer Impuls: Ein großes gelbes (goldenes) Kalb wird an eine Tafelhälfte oder an eine Wand geklebt.
◇ Die Kinder äußern sich evtl. schon spontan.
◇ Drei anbetende Figuren werden unter das Kalb geklebt.

1. Möglichkeit: Die Kinder kennen die Geschichte vom goldenen Kalb schon und erzählen sie jetzt, wobei sie sich gegenseitig helfen und ergänzen.

2. Möglichkeit: Kleinere Kinder kennen die Geschichte eventuell noch nicht. Dann folgt jetzt eine kurze erklärende Lehr-Erzählung mit dem Schwerpunkt auf der Anbetung eines falschen Gottes.

◇ Nach den genannten Aspekten der Anbetung eines falschen Gottes wird das 1. Gebot: »Du sollst keine anderen Götter haben neben mir!« (groß und auffällig) über die Anbetungsszene an die Tafel geklebt. Es streicht symbolisch das Falsche durch und macht seinen Anspruch als von Gott gegeben geltend.

Hörauftrag: *Wie fühlt Lonzo sich in seiner Rolle?*

◇ Die Geschichte wird nun vorgelesen.

◇ Kurzes Gespräch über die Geschichte.

◇ Nun werden in das Kalb an der Tafel von der Lehrkraft kopierte Geldscheine geklebt.

◇ Spontane Kinderäußerungen können folgen.

◇ Impuls: Ein Geldschein (vielleicht sogar ein echter?) wird vor den Augen der Kinder verbrannt. Geld ist vergänglich, genauso wie das Kalb (es wird von Mose zerstört), Gott aber bleibt ewig!

◇ Die zweite Tafelseite wird nun aufgeklappt. Hier hängt ein Altar, so wie die Kinder ihn vielleicht kennen.

Vorbereitung: Altar auf Tapete oder Pappe zeichnen und eine Anbetungsfigur davor kleben.

Unter der Altarspitze wird ein ganz kleines gelbes Tonpapierstück versteckt. Auf diesem Papier steht ebenfalls das 1. Gebot.

◇ Die Lehrkraft nimmt nun provokativ einen Geldschein vom Kalb und klebt ihn an den Altar.

◇ Impuls: Was beten Menschen heute an, das man mit Geld kaufen kann?

Aufgabe: *Malt auf kleine Zettel, was Menschen heute sehr wichtig ist. Beachtet, dass es alles Dinge sein müssen, die man mit Geld kaufen kann!*

◇ Die bemalten Zettel werden nun im Altar an der Tafel gesammelt, angesehen und besprochen.

◇ Am Ende wird die Spitze des Altars zurückgeklappt, unter der nun das gelbe Papierstück zum Vorschein kommt. Die Kinder werden vielleicht murren, dass sie die Schrift nicht entziffern können, weil sie zu klein ist.

◇ Ein Kind soll nach vorne kommen und es den anderen Kindern vorlesen.

◇ Impuls: Das Gebot ist in der heutigen Zeit so unscheinbar und klein geworden, dass die Menschen kaum noch daran denken, selbst wenn sie in der Kirche sind und Jesus gut finden.

b) Alternativen:

◇ Eine »Reichtum-Collage« kann angefertigt werden. Die Kinder schneiden aus Zeitschriften die Dinge aus, die sie sich gerne kaufen würden, wovon sie träumen, was sie sich wünschen.

Aufgabe: *Schneidet solche Dinge aus den Zeitschriften aus, die ihr euch gerne kaufen würdet, wenn ihr ganz viel Geld hättet. Klebt sie als Collage auf!*

◇ Diese Aufgabe ist in Einzel-, Partner- oder Gruppenarbeit möglich.

◇ Was kann Menschen noch wichtig sein, das man aber nicht mit Geld kaufen kann?

◇ Begriffe wie Gesundheit, Liebe, Freunde, Familie, Glück usw. werden genannt und auf einem Plakat oder an der Tafel gesammelt.

◇ Ist es schlecht, dass Menschen sich das wünschen? Wo liegt der Unterschied zu den oben genannten Dingen? Ein Gespräch schließt sich an.

Aufgabe: *Malt ein Bild voller Symbole für die Dinge, die auf dem Plakat stehen, z.B. ein Kleeblatt für Glück, oder ein Herz für Liebe usw.*

◇ Die Reichtum-Collagen werden neben diese Bilder gehängt.

◇ Abschließendes Gespräch im Sitzkreis darüber, was es bedeutet, Götzen zu haben.

c) Materialien:

1. Geldscheinkopien
2. Schablone: Kalb und drei Anbetungsfiguren
3. Das 1. Gebot
4. Anbetungsfigur vor Altar
5. Gelber, kleiner Tonpapierzettel mit dem 1. Gebot

4. Trockenes Plätzchen gesucht

(zum Tau-Wunder: Richter 6,33ff)

»Es wird Zeit«, sprach die Spinne Siebenbein, »dass ich mich nach einem geeigneten Platz umsehe, um meine Eier abzulegen.« Die Spinne Siebenbein war ein sehr kleines Exemplar ihrer Art und hatte – wie ihr Name schon sagte – nur noch sieben statt acht Beine. Das achte Bein hatte sie bei einem Kampf mit einer Fliege verloren, die ihr zu groß und mächtig war, als dass sie sie hätte verspeisen können. Seither fing die Spinne Siebenbein nur kleinere, ihrer eigenen Größe angemessene Insekten. Jetzt jedoch kümmerte sie ihr leerer Magen nicht, sie wollte so schnell wie möglich ein ruhiges, sicheres Plätzchen für ihre Nachkommen finden.

Warm sollte dieses Plätzchen sein und trocken, dachte sie, während sie ihre Habseligkeiten zusammenpackte und sich dann auf den Weg machte. In der Ebene von Jesreel, in der die Spinne zu Hause war, gingen in letzter Zeit merkwürdige Dinge vor sich. Fremde Menschen lagerten dort, besetzten viele wertvolle Plätze, an denen die Spinne sonst ihr Netz webte, und zerstörten die alten Netze, die die Spinne Siebenbein gerade noch hatte verlassen können. Es war also ganz verständlich, dass sie nach einem sicheren Platz für ihre Kinder suchte.

Vorsichtig krabbelte die Spinne Siebenbein über den rauhen, staubigen Boden der Jesreelebene, bis sie nach zwei Tagen unermüdlichen Wanderns an eine Stelle geriet, die ihr vortrefflich gefiel. Mitten auf der Tenne, wo die Menschen sonst Getreide droschen, lag ein warmes Vlies aus weicher Schafwolle. Wer immer es da auch hingelegt hatte, es schien der Spinne gerade recht für ihre Nachkommen. Behutsam kletterte sie in die weiche, warme Wolle hinein, kuschelte sich tiefer in die Fäden und begutachtete jeden Winkel ihres neuen Zuhauses. Zufrieden ruhte sie sich aus.

Bald wurde es Nacht, die Sterne standen hoch und glänzend am Himmel und spendeten spärliches Licht. So wohl hatte sich die kleine Spinne schon lange nicht mehr gefühlt. Selig schloss sie ihre Augen und war im Nu eingeschlafen.

Gegen Morgen wurde die Spinne ganz unsanft geweckt. Irgendetwas stimmte nicht. Sie zitterte am ganzen Körper und ihr war unbehaglich zumute. Das schöne warme Vlies vom Vortag hatte sich in einen nassen Klumpen kalten Fells verwandelt. Der gesamte Morgentau schien auf dieses kleine Stück Fell gefallen zu sein, denn als die Spinne flink von diesem nassen Kloß herunterkletterte, betrat sie trockenen Sandboden.

»Das geht nicht mit rechten Dingen zu«, sagte sie zu sich selbst, »wie kann das Fell von Morgentau benetzt sein, der Boden ringsherum aber nicht?« Die kleine Spinne schüttelte erstaunt den Kopf.

»Auf dieses Fell werde ich ganz bestimmt nicht meine Eier legen. Meine Kinder ertrinken ja eher, als dass sie schlüpfen könnten. Nein, ich suche mir lieber ein anderes, trockeneres Plätzchen.« Gesagt, getan, die Spinne Siebenbein krabbelte zu einem nahe gelegenen vertrockneten Ast und schlüpfte in die Erdmulde, die sich darunter aufgetan hatte.

»Ja«, sagte sie, »das ist ein gutes Plätzchen, hier ist es trocken. Wenn ich mir ganz sicher sein kann, dass hier keine Gefahr droht, werde ich meine Eier hier legen.«

Die Spinne verbrachte den Tag damit, die fremden Menschen zu beobachten, die aufgeregt durch das Lager liefen. So viele Menschen hatte die Spinne Siebenbein noch nie auf einmal gesehen. Sie fragte sich, was sie wollten, woher sie kamen und wohin sie gingen. Und ehe sich die Spinne versah, begann es schon dunkel zu werden, und die zweite Nacht brach herein. Auch an diesem Abend schlief die Spinne Siebenbein schnell ein, denn sie war sehr müde und erschöpft. Doch in dieser Nacht hatte sie einen seltsamen Traum:

»Herr«, sprach ein Mann, der Gideon hieß, »gestern war das Vlies nass, nicht aber der Boden drumherum. Lass den Morgentau dieses Mal in der gesamten Gegend sein, nicht aber auf dem Vlies!

Ist das Vlies am Morgen trocken, so will ich mit deinem Volk ausziehen und Midian besiegen.«

Im Traum schüttelte die Spinne Siebenbein den Kopf. Was soll der Unsinn? Wer kann dem Tau befehlen, das Vlies trocken zu lassen, wo es doch gestern als einziges nass war? Als die Spinne schließlich erwachte, tropfte der Morgentau von dem Ast, unter dem sie schlief, direkt in ihr kleines Spinnengesicht. Empört richtete sich die Spinne auf und schimpfte lauthals los. Ihre kleine Mulde unter dem Ast war so feucht, dass sie hier niemals ihre Eier würde legen können.

»Das darf doch nicht wahr sein!«, schimpfte die Spinne Siebenbein entrüstet. Doch dann erinnerte sie sich plötzlich an ihren Traum. Sollte etwa Gott seine Hände im Spiel haben? Die kleine Spinne war neugierig geworden. »Dann will ich doch mal nachsehen«, sagte sie, »ob das Vlies trocken geblieben ist. Aber das ist ja wohl nicht gut möglich!« Doch als die Spinne das Vlies erreichte, musste sie feststellen, dass es tatsächlich staubtrocken war. Nicht ein Tautropfen war auf das Fell gefallen, obwohl die Umgebung von Tau nur so triefte.

»Na, dann kann Gideon ja ausziehen, um Midian zu besiegen!«, lachte die Spinne, »Gott ist ja bei ihm! Ich aber werde hier bleiben und meine Eier legen. Etwas besseres als dieses Vlies kann ich nicht finden. Und wenn der Handel mit Gott nun abgeschlossen ist, wird sich der Tau auch auf alles verteilen und nicht nur im Vlies haften. Ja, das ist ein schönes Plätzchen!«

Die Spinne Siebenbein blieb an Ort und Stelle und legte Eier, aus denen später viele, viele kleine Achtbeiner schlüpften, während der Mann namens Gideon über die Midianiter den Sieg davontrug.

Arbeitshilfen

a) Verlaufsskizze:

Um die Geschichte der Spinne Siebenbein verstehen zu können, muss den Kindern die Person Gideons, seine Berufung zum Richter und möglichst auch die Lage des Volkes Israels in der Richterzeit bekannt sein. Die Geschichte kann dann zum Einstieg in die Stunde dienen.

◇ Gideon ist zum Richter berufen und soll nun gegen einen starken Feind des Volkes Israels kämpfen: die Midianiter.

◇ Gideon zweifelt jedoch. Nicht nur an sich selbst, sondern auch an Gott. Deshalb stellt er Gott auf die Probe. Er verlangt ein Zeichen, das ihm Sicherheit geben, seine Zweifel ausmerzen und Gottes Stärke und Macht offenbaren soll.

Hör-auftrag: *Versucht herauszufinden, welche Zeichen Gideon von Gott fordert!*

◇ Für jüngere Kinder sollte der Hörauftrag etwas leichter gestellt werden.

Hör-auftrag: *Wo will die Spinne Siebenbein ihre Eier legen? Warum geht das erst nicht? Was passiert über Nacht?*

◇ Nun wird die Geschichte vorgelesen.

◇ Ein Gespräch schließt sich an.

◇ Um besser verstehen zu können, warum Gideon solch eine Angst und solche Zweifel hatte, muss den Kindern die Größe und Stärke des Midianiter-Volkes vor Augen geführt werden.

- ◇ Es werden Legosteine in zwei ungleiche Haufen geteilt. Zwei Schilder mit der Aufschrift »Midianiter« und »Israeliten« kennzeichnen beide Seiten, wobei das Volk Israel die geringere Menge Bausteine bekommt.
- ◇ Nun folgt eine freie Lehrererzählung, in der den Kindern vermittelt wird, wie Gott das Heer der Israeliten immer mehr verkleinerte, bis schließlich nur noch ganze 300 Mann übrig blieben (Richter 7,5-7).
- ◇ Während der Erzählung wird die Anzahl der (Lego-)Steine auf Seiten der Israeliten stetig reduziert, bis schließlich nur noch ein kümmerlicher kleiner Rest übrig bleibt. (Es ist nicht wichtig, die genaue Anzahl der Steine abzuzählen; wer verfügt schon über 32 000 Steine? Es kommt nur auf die ungefähren Größenverhältnisse an.)
- ◇ Gideon hat mit diesen 300 Männern trotzdem gegen die Midianiter gewonnen.
- ◇ Drei Gegenstände werden nun auf die »israelitische Seite« gelegt. Es handelt sich um:
  1. eine Posaune,
  2. einen Tonkrug (möglichst einer, der auch kaputt gehen darf),
  3. eine Fackel.

Auftrag: *Was hättet ihr damit gemacht?*

- ◇ Die Kinder spekulieren, denken sich »Kriegstaktiken« oder Verwendungsmöglichkeiten aus.
- ◇ Anschließend kann entweder der Bibeltext gelesen werden, um herauszufinden, wie der Sieg vonstatten ging, oder aber die Geschichte wird (bei jüngeren Kindern) zu Ende erzählt.
- ◇ Es macht übrigens einen riesigen Spaß, den Kriegslärm der Israeliten nachzumachen. Dafür können ruhig mehrere Posaunen

verwendet werden. (Unterrichtet man nicht gerade in einer vollbesetzten Schule, ist ein abgelegener Raum nicht notwendig, da das Grölen und Lärmen ja nur von kurzer Dauer ist.)

◇ Jüngere Kinder erhalten Schablonen (mit und ohne Linien) dieser Gegenstände, auf die sie nun wahlweise entweder aufschreiben oder aufmalen, in welchen Situationen sie manchmal Angst haben und sich dann an Gott wenden.

Auftrag: *Schreibt oder malt eine Situation auf, in der ihr schon einmal auf Gott vertraut habt!*

◇ Danach werden die Pappposaunen, -fackeln, und -tonkrüge in Form eines Mobiles aufgehängt und ausgewertet. Ein Mobile sagt aus: Ich bin mit Gott zusammen beweglich, fest mit ihm verbunden und nicht allein.

◇ Am Ende kann ein Lied gesungen werden, das die Stärke Gottes deutlich macht. Es sollte je nach Alter der Kinder entsprechend leicht zu lernen und zu verstehen sein. Ich habe in einer 5. Klasse »Mit meinem Gott kann ich Wälle zerschlagen« oder »Ich sitze oder stehe« gesungen.

b) Alternativen:

◇ Das Mobile wird mit Versen aus der Bibel beschrieben oder beklebt, die Gottes Stärke und Kraft beschreiben. Die Sprüche werden den Kindern zur freien Wahl gestellt. Vielleicht schreiben sie ja auch selbst solche Lobeshymnen auf ihre Pappgegenstände, wie es die Psalmsänger oft taten.

Beispiele:

- Du bist meine Stärke, an dich will ich denken, du bist meine Burgfeste, o Gott. (Psalm 59,10)
- Gott ist unsere Zuversicht und Stärke. (Psalm 46,2)
- Siehe da, meine Hilfe ist Gott. (Psalm 54,6)

- Geborgen ist meine Seele, weil sie auf Gott vertraut. (Psalm 62,6)

◇ Aus den Legosteinen kann eine »feste Burg« gebaut werden, die die Stärke Gottes symbolisiert. Vorher sollte erklärt werden, dass die Steine jetzt nicht mehr für Israeliten und Midianiter stehen.

c) Materialien:

1. Sehr viele Legosteine oder ähnliches Baumaterial
2. Eine Pappunterlage
3. Eine oder mehrere (echte) Posaune(n), einen Tonkrug und eine Fackel
4. Tonpapier (helle Farben)
5. Bastelsachen (Scheren, Lineal, Kleber, Locher, Farbe)
6. Bindfaden (evtl. Nylon) und kleine Hölzchen oder feste Pappe zum Aufhängen des Mobiles
7. Posaunen-, Fackeln- und Tonkrugschablonen aus Tonpapier für jüngere Kinder
8. Liederbücher oder Folien

Lied: »Mit meinem Gott kann ich Wälle zerschlagen«
In: CVJM-Gesamtverband in Deutschland e.V.: Lebenslieder Nr. 124, Verlagsgemeinschaft mundorgel verlag gmbh Köln/Waldbröl, 2. Auflage 1993.

Lied: »Ich sitze oder stehe«
In: Unser Kinderliederbuch, Nr. 187, Oncken Verlag, Wuppertal und Kassel 1997.

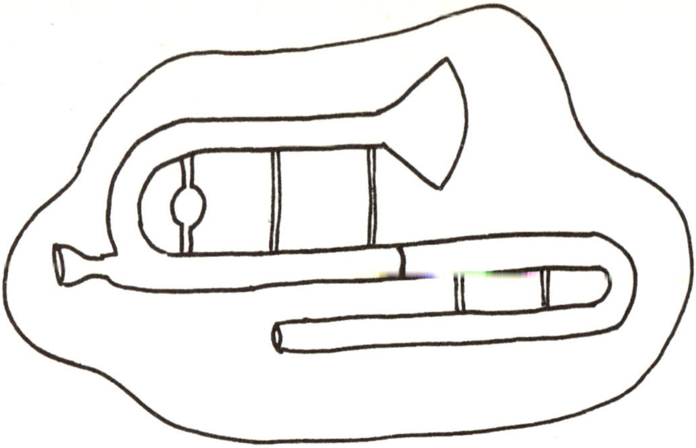

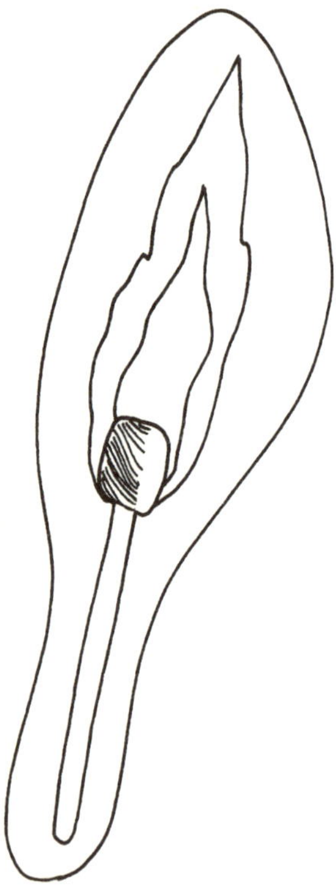

5. Einmal so berühmt wie Jonatan

(zum Kampf Davids gegen Goliat: 1. Samuel 17,38ff)

»Den großen Löwen habe ich vertrieben und die Schafe davor gerettet, von ihm verschlungen zu werden. Mein Herrchen hat mir als Belohnung dafür den Namen seines besten Freundes gegeben. Denn ich war in seinen Augen etwas ganz Besonderes, so wie auch mein Herrchen etwas Besonderes war! Er hat einen Riesen getötet und dadurch sein Volk gerettet. Später ist er König geworden, wisst ihr«, beendete Jonatan seine Geschichte. »Ja, so war das damals.« Mühsam erhob sich der alte Hund, streckte sich und gähnte laut.

»Jetzt lauft aber zu euren Familien und schlaft, ihr Kleinen«, sagte er zu den Welpen, die ihm andächtig zugehört hatten. Dann schüttelte er den Staub aus seinem Fell und machte sich daran, den warmen Stall aufzusuchen. Der Sommer war zu Ende, die Nächte wurden kalt, und der kühle, feuchte Wind, den der Herbst mit sich brachte, war nichts für einen alten Hund wie Jonatan. Langsam trottete Jonatan auf den Stall zu. Die Tür stand einen Spalt weit offen und drinnen erwartete ihn wunderbar weiches und wohlriechendes Heu, in das er sich kuscheln konnte. Ein Windlicht hing von einem Deckenbalken herab und flackerte für einen Moment in der Zugluft. Von ihm ging ein warmes und gemütliches Licht aus, das auf das Heu, die Schafe und das Holz des Stalles fiel. Je älter Jonatan wurde, desto mehr freute er sich auf die Nächte, in denen er seine müden Knochen ausruhen und von vergangenem Ruhm träumen konnte. Aber heute war mal wieder einer dieser Tage, an denen er nicht zur Ruhe kam, denn heute hatte er zum hundertsten Male die Geschichte von seinem berühmten Herrchen erzählen müssen, das sich vor nichts gefürchtet hatte und das selbst vor der enormen Größe seines Gegners nicht zurückgeschreckt war.

Die kleinen Hunde waren unersättlich, wenn es ums Geschichtenerzählen ging. Immer wollten sie neue Abenteuer hören oder die schon bereits ein dutzend Mal erzählten immer wieder miterleben. Deshalb wunderte es ihn nicht sehr, dass jetzt einer der Welpen hinter ihm hergelaufen kam.

»He, Jonatan«, bellte ein kleiner übermütiger Hund, »warte auf mich!« Es war Raffael, einer von den unzähligen Enkeln und Urenkeln, die Jonatan hatte.

»Was ist denn jetzt noch?«, knurrte Jonatan, der sich auf seine Nachtruhe freute. »Ich habe euch doch schon alles erzählt!«, fuhr er den kleinen Störenfried mürrisch an. Doch der ließ sich nicht abschrecken und kam herbeigeeilt, als wenn es etwas zu verpassen gäbe.

»Ja, schon«, erwiderte der kleine Welpe und tapste unbeholfen hinter dem großen Jonatan her. Der alte Hund war ihnen allen ein Vorbild. Tapfer war er in seiner Jugend gewesen, treu seinem berühmten Herrn ergeben, und jetzt im Alter war er sehr weise. Auch Raffael wollte so mutig sein und so berühmt werden wie der alte Rüde. Fest nahm er sich vor, seinem Herrchen genauso treu zu dienen und mit ihm zusammen gefährliche Abenteuer zu erleben.

»Darf ich heute Nacht bei dir schlafen, Opa Jonatan?«, fragte Raffael und stupste den alten Hund mit seiner feuchten Schnauze sanft an. Dabei wedelte sein kleines Schwänzchen so aufgeregt und freudig hin und her, dass Jonatan, der viel lieber seine Ruhe gehabt hätte, nicht Nein sagen konnte.

»Na also gut«, knurrte der alte Hund schließlich, »wenn es unbedingt sein muss!«

Insgeheim freute es ihn, dass die jungen Hunde das Interesse an ihm noch nicht verloren hatten. Er konnte jedenfalls nicht über Einsamkeit im Alter klagen. Manchmal tat ihm das Angehimmeltwerden sogar richtig gut.

Raffael jaulte vor Freude kurz auf und hopste auf den hellen Lichtschimmer zu, der aus dem Stall nach draußen drang.

»Unter einer Bedingung«, rief Jonatan ihm nach, »ich will eine ruhige Nacht verbringen. Also keinen Lärm und keine weiteren Geschichten!« Als er den warmen Stall betrat, hatte Raffael sich schon ins duftende Heu gekuschelt und zusammengerollt.

»Ich werde dich nicht stören«, versprach der Welpe. »Ich möchte nur bei dir schlafen, das ist alles. Es ist immer so aufregend bei dir.« Jonatan konnte nicht verstehen, was aufregend daran war, wenn man eine Nacht mal nicht zu Hause schlief, sondern hier bei ihm im Stall lag. Aber das mochten andere wissen, er war müde und freute sich schon auf eine erholsame Nachtruhe. Er legte sich also zu dem Kleinen ins Heu, gähnte noch einmal und war im Nu eingeschlafen.

Raffael blinzelte angestrengt durch den Türspalt hinaus in die dunkle Nacht. Eine Sternschnuppe zog ihre Bahn den Himmel hinunter. Hunderte von Sternen blitzten und blinkten im tiefen Schwarz der Nacht, und der Mond stand majestätisch schön über dem Stall. Mit seinem bleichen Licht erhellte er die Ebene und tauchte alles in einen blassen Schein.

»Einmal so berühmt sein wie Jonatan«, murmelte Raffael noch, dann schlief er ein. Fest und lange schlief er, bis ihm merkwürdige Geräusche und laute, fremde Stimmen wie aus weiter Ferne ans Ohr drangen. Verschlafen streckte er seine Beinchen von sich und gähnte laut. Er war noch so müde, wollte noch ein wenig weiterschlafen, doch die Stimmen ließen ihm keine Ruhe. Er stand auf. Alles schien ihm etwas unwirklich zu sein. Er schaute sich verschlafen um. Jonatan war nicht da. Auch die Schafe nicht. Überhaupt sah alles ganz anders aus, ja selbst der Stall schien sich verändert zu haben. Die Holzbalken waren verschwunden, ebenfalls das Heu. Stattdessen wehten schwarze Planen um merkwürdige Stangen herum und machten ein unheimliches Geräusch. So etwas hatte Raffael noch nicht erlebt. Er stand mitten in einem Zelt, eins von vielen, wie er feststellte, als er nun vorsichtig durch den offenen Spalt des Zeltes lugte. Wo war der Stall geblieben? Und was war das für eine Gegend? Die Sonne schickte ihre ersten Morgenstrahlen zur Erde. Rötlich stand sie in einem Schleier aus Nebel und Dunst über der weiten Ebene der Wüste, die Raffael noch nie gesehen hatte. Obwohl die ersten Vögel schon zwitscherten, lag doch der Rest der Welt noch in andächtigem Schweigen. Die Herde Schafe, die eigentlich im Stall schlafen sollte und die die Hunde immer einhüten mussten, schlummerte ruhig auf einer kargen Weide. Viele Zelte standen in der Ebene, alles war dunkel. Nirgends brannte ein Licht.

Und doch, irgendwo schrien und riefen Menschen. Raffael beschloss, der Sache auf den Grund zu gehen. Vorsichtig und auf leisen Pfoten lief er los, den lauten Stimmen entgegen. Tapsig machte er die ersten Schritte, spürte aber den Boden nicht unter sich. Erstaunt blickte er an sich herab und stellte verwundert fest, dass er schwebte. Lautlos flog er durch die Luft, wunderte sich aber kein bisschen, dass er das konnte. Er konnte es eben! Er überquerte die Weidefläche der Schafe und schwebte durch einen nahen Zedernhain direkt auf einen niedrigen Hügel am Rande des Menschenlagers zu.

Der Anblick, der sich ihm von hier oben bot, war überwältigend. Der Hügel war nicht besonders hoch, dennoch sah man von hier in ein weites Tal auf der anderen Seite, in dem zwei riesige Heere Aufstellung genommen hatten. Viele Krieger, Soldaten und Reiter hatten sich in diesem Tal versammelt und warteten nur auf ein Angriffssignal ihrer Könige. Sie riefen einander immer wieder Beleidigungen zu und versuchten den Gegner auf diese Weise einzuschüchtern. Schließlich trat ein riesiger Mensch aus einem der Heere hervor, ging gemächlich und selbstbewusst bis in die Mitte des Tales und lachte so laut und höhnisch, dass Raffael eine Gänsehaut bekam.

»Das ist aber ein ganz unangenehmer Zeitgenosse«, murmelte Raffael vor sich hin, »dem wollte ich nicht im Dunkeln begegnen. Lieber auch nicht am Tage, der ist ja schrecklich groß!«

So einen großen Menschen hatte der junge Hund noch nie gesehen. Dagegen wirkte sein eigenes Herrchen so winzig wie ein Sandkorn. Als der fremde Riese sprach, zuckte Raffael ängstlich zusammen. So fürchterlich, wie der Mann aussah, so redete er auch.

»Warum kämpft ihr nicht?«, rief er dem anderen Heer entgegen. »Habt ihr etwa Angst? Bestimmt einen Mann, der sich mit mir messen kann. Wenn ihr verliert, dann werden wir über euch herrschen. Aber wer sollte schon gegen mich ankommen? Ich bin der stärkste Mann der Welt!« Der fremde Riese lachte so laut, dass die Bäume zu erzittern schienen. Und mit ihnen klapperten die Zähne der Soldaten des anderes Heeres. Alle hatten Angst vor diesem Riesen. Unwillkürlich sträubten sich Raffaels Nackenhaare, er knurrte, so heftig er nur konnte.

»Dem werde ich's zeigen«, bellte er und wollte schon den Hügel hinabspringen, als plötzlich sein Herrchen aus den Reihen seines Volkes trat. Er hatte nur einen Stock in der Hand und sammelte fünf Steine vom Boden auf.

»Bin ich denn ein Hund, dass du mit einem Stock kommst?«, spottete der Riese. Er war sich immer noch sicher, dass er gewinnen würde, denn der junge Knabe, der nun vor ihm stand, war in seinen Augen schwach und winzig.

»Na, das ist doch wohl die Höhe!«, rief Raffael empört und knurrte böse. »Der beleidigt ja mich und meine Familie.« Wütend schaute er zu dem Riesen ins Tal hinunter.

»Los, David!«, feuerte er sein Herrchen an. »Zeig es diesem aufgeblasenen Tölpel. Gegen dich hat er keine Chance!«

Als ob ihn sein Herr gehört hätte, trat er mutig noch einen Schritt vor und sagte laut und deutlich: »Dein Schwert wird dir nichts nützen, denn mein Herr und Gott ist mächtiger als jeder von euch.« Im gleichen Moment ergriff der Junge seine Schleuder und ließ einen Stein fliegen, der den Riesen mitten auf die Stirn traf. Der Riese schwankte und fiel dann schließlich wie ein gefällter Baum zu Boden. Raffaels Herrchen hatte den Spötter besiegt.

»Ja«, bellte Raffael von seinem Hügel aus, »gib's ihm, gib's ihm . . .« Dann schoss er los, direkt auf den Riesen zu und biss ihn mutig ins Bein. Er zog und knurrte und bellte und ließ nicht los.

»He, Raffael«, rief ihn eine vertraute Stimme, »wach auf, Raffael, du träumst ja!«

Raffael drehte sich um und schlug die Augen auf. Er lag in seiner weichen, warmen Kuhle im Heu, die er völlig zerwühlt hatte. Er hatte das ganze Maul voller Stroh, das er nun ausspuckte. Die ersten Sonnenstrahlen kitzelten ihn in der Nase, so dass er niesen musste.

»Ich habe ihm ins Bein gebissen, diesem Riesen!«, japste der Welpe aufgeregt. »David hat den Riesen besiegt, mit einer Steinschleuder, nur mit einer Steinschleuder, Opa Jonatan!«

»Aber das weiß ich doch!«, lachte der alte Rüde. »Ich selbst habe es gesehen und euch gestern davon erzählt.« Erst jetzt schien der kleine Hund richtig wach zu werden.

»Oh«, sagte er und blickte beschämt auf den Boden, »und ich war mir ganz sicher, dass ich auch dabei war.« Benommen schüttelte er seinen kleinen Kopf.

»Ich wollte so gerne auch ein Held sein«, winselte er traurig, »aber alles war nur ein Traum! Schade!«

»Du hast noch dein ganzes Leben vor dir, um ein Held zu werden«, tröstete ihn Jonatan. »Auch Helden müssen lernen, geduldig zu sein.«

»Und mutig«, entgegnete Raffael.

»Und mutig«, bestätigte Jonatan.

»Aber eines sind Helden auch«, fuhr der alte Rüde fort.

»Und was wäre das?«, fragte Raffael neugierig.

»Na, hungrig!«, lachte Jonatan. »Komm mit, du kleiner Held und lass uns etwas fressen gehen. Denn nur wenn du etwas isst und nicht verhungerst, kannst du auch ein Held werden!«

Lachend und raufend verließen die Hunde den Stall. Noch oft träumte Raffael davon, ein Held zu sein. Wer weiß, ob er es geschafft hat?

Arbeitshilfen

a) Verlaufsskizze:

Da die biblische Geschichte vom Kampf Davids gegen den Riesen Goliat sehr bekannt und auch sehr beliebt ist, bietet sie eine hervorragende Möglichkeit, sie nachzuspielen. Dies kann auf ganz vielfältige Weise geschehen (s.u.). Sollten einige Kinder aus der Gruppe die Erzählung aus der Bibel noch nicht kennen, so kann nach dem Vorlesen der Geschichte von Jonatan ein lockeres Gespräch Fehlendes klären oder ergänzen.

Hörauftrag: *Welche Personen, Tiere und Gegenstände kommen in der Geschichte vor? Versucht sie euch zu merken!*

- ◇ Die Geschichte wird vorgelesen.
- ◇ Anschließend benennen die Kinder die Personen, die Tiere und die Gegenstände, die sie sich gemerkt haben.
- ◇ Diese Dinge werden schriftlich festgehalten. Nun wird noch über die Umgebung gesprochen. Was ist zu sehen? (Karges Land, Palmen, Berge, Zelte, Schafe, Sonne, usw.)
- ◇ Die Kinder erhalten die Aufgabe, in Gruppen ein *Tafelkino* herzustellen. Beim Tafelkino kommt es darauf an, viele Einzelpersonen und Gegenstände herstellen zu lassen, die nach und nach, während die Geschichte erzählt wird, auf eine von den Kindern selbst gemalte Kulisse geklebt werden. So entsteht ein Tafelkino oder Theater mit Personen und Gegenständen vor den Augen der Kinder, während sie der Geschichte lauschen. Die Tafel dient dabei als Leinwand.
- ◇ Man sollte darauf achten, dass nicht mehr als fünf Kinder in einer Gruppe zusammenarbeiten, damit auch weniger integrierte

Kinder Anschluss finden und nicht nur die besten Freunde zusammensitzen. Jeder sollte möglichst das malen, basteln oder herstellen, was er möchte und gut findet.

◇ Eine mögliche Fünfergruppen-Einteilung von 20 Kindern könnte folgendermaßen aussehen:

Auftrag:

Gruppe 1: Ihr malt die Kulisse auf eine Tapetenrolle (nur die Natur)!
Gruppe 2: Ihr stellt die Tiere her (Schafe, Hunde, Pferde, Kamele, vielleicht sogar Vögel)!
Gruppe 3: Ihr seid für die Menschen verantwortlich (David, Goliat, Soldaten . . .)!
Gruppe 4: Ihr bastelt Gegenstände, Zelte, Steine, Schwerter, die Schleuder . . .)!

◇ Nachdem alles fertig gebastelt, angemalt und ausgeschnitten ist, erzählt die Lehrkraft die Geschichte noch einmal und versucht dabei die Gegenstände, die Personen, die Tiere und alles Weitere mit in die Geschichte einzuweben. (Das ist, wenn man es noch nie gemacht hat, sehr schwer. Man sollte es auf jeden Fall zu Hause üben, ein Spiegel kann dabei gute Dienste tun.)

◇ Beim Erzählen klebt die Lehrkraft die Personen und Tiere mit Selbstklebeecken auf die Kulisse, die an einer freien Wand oder an der Tafel hängen sollte.

◇ Es ist ratsam, einen Stuhlhalbkreis um das Tafelkino herum aufzubauen, damit jedes Kind gut sehen kann. Ein halb abgedunkelter Raum und ein angestrahltes Tafelkino schaffen eine tolle Atmosphäre.

b) Alternativen:

◇ Anstelle des Tafelkinos gibt es auch die Möglichkeit, die Kulisse sowie die Tiere und Personen aus Pappmaschee herzustellen. Das hat mehrere Vorteile:

1. Man kann die entstandene kleine Wüstenwelt z.B. in der Schule oder im Gemeindehaus ausstellen und zeigen.
2. Die Kinder können mit den Figuren spielen, sie bewegen, anderen die Geschichte erzählen usw.
3. Die selbst gebaute Welt kann über längere Zeit hinweg in einem Raum stehen bleiben und sogar anderweitig genutzt werden. (Auch Abraham ist durch eine Wüste gezogen, später das Volk Israel unter Moses Führung.)

◇ Mit älteren Kindern macht es sehr viel Spaß, ein Theaterstück zu entwerfen. Dazu braucht man natürlich viel Zeit, viel Platz und viel Geduld. Dennoch lohnt sich der Aufwand ungemein: Die Kinder agieren sozial miteinander, sie kommunizieren angeregt durch das gemeinsame Werk, sie sprechen sich ab, einigen sich, schließen Kompromisse und sind zuletzt sehr stolz auf ihre Zusammenarbeit.
  - Requisiten müssen erstellt werden (Schleuder, Schwerter, Lanzen, Zelte . . .)
  - Die Kleidung muss abgestimmt werden.
  - Die Dialoge werden gemeinsam erarbeitet.
  - Die Rollen werden festgelegt usw.*

c) Materialien:

a) Tafeltheater:

- Tapetenrollen (am besten eignet sich musterlose Raufasertapete)
- Tusche oder Wachsmalstifte
- viel Tonpapier (in unterschiedlichen Farben)
- Scheren, Kleber, Selbstklebeecken

* Mehr zu der Idee des Bibliodramas mit Kindern findet sich in: Klaes, Christine: Bibliodrama mit Kindern, R. Brockhaus Verlag, Wuppertal 1996.

b) Pappmaschee-Welt:

- alte in Wasser aufgelöste Pappe und Tapetenkleister
- Naturmaterialien für die Pappmaschee-Welt (Sand, Stöckchen, Steine, Blätter usw.)
- Wolle, alter Stoff, Tonpapier usw. für die Tiere und Menschen

c) Theater:

- improvisierte, reale Gegenstände für das Bibliodrama (Schleuder, lange Leisten . . .)
- alte Kleidung, Bettlaken, Hüte usw.

Die Kulisse

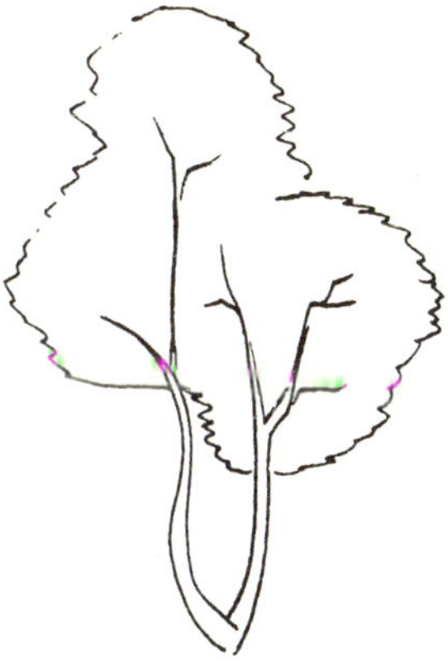

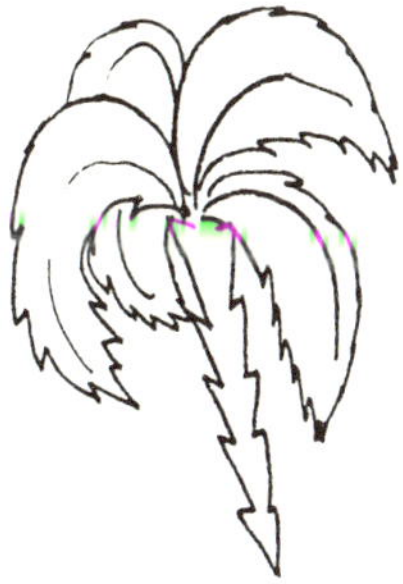

6. Der Großbrand

(zu Gottes Machterweis gegenüber Elia und den Baalspriestern: 1. Könige 18,17-40)

Es knackte und knisterte, als Nani genüsslich in ein Stück feinstes Kiefernholz biss. Sie hatte die Augen geschlossen, lehnte gemütlich am Stamm des alten Baumes, der ihr Schutz, Wohnung und Essen zugleich war, und fing an, die Geschichte zu erzählen, die in den Holzwurmlegenden an erster Stelle stand. Alle jungen Holzwürmer wollten unbedingt die Geschichte vom legendären Großbrand hören, der ihren Eltern fast das Leben gekostet hätte. Und wer konnte besser erzählen als Nani? Niemand! Also versammelten sich die Holzwürmchen ehrfürchtig vor dem Eingang zu Nanis Wohnung, einem winzigen Loch in der Rinde der Kiefer, und warteten gespannt auf ihre Erzählung.

»Es ist schon so lange her«, quetschte die alte Holzwurmfrau die Worte durch die Zähne, die immer noch damit beschäftigt war, das Kiefernstück zu zerlegen. »Ich weiß gar nicht, ob ich noch alles hier oben zusammenkriege«, fuhr sie fort, wobei sie sich mit einem Beinchen an den Kopf tippte. Als Nani aber in die neugierigen Gesichtchen ihrer Nachkommen blickte, kam die Erinnerung schnell wieder, und in Wahrheit hatte sie ja auch nicht eine einzige Sekunde dieses schrecklichen und aufregenden Tages vergessen.

»Nun gut«, begann sie die Geschichte, »es ist nunmehr zwanzig Jahre her, ich war jung verliebt und stand kurz vor meiner Hochzeit mit eurem Großvater Zupp.«

Die jungen Holzwürmchen kicherten. Sie fanden alles interessant, was mit Liebe und Heiraten zu tun hatte. Das muss am Alter liegen, dachte Nani vergnügt. Sie verschränkte ihre sechs Beinchen über dem dickgewordenen Bauch und lächelte ihre Enkelkinder wohlwollend an.

»Ich hatte ein wunderschönes Brautkleid aus Lilienblättern und Haselnussschalen an. Meine Mutter hatte es eigens für meinen großen Tag angefertigt. Als ich schließlich vor euren Großvater trat, bekam er den Mund gar nicht wieder zu, so hübsch muss ich ausgesehen haben.« Wieder kicherten die Holzwürmchen und stießen sich gegenseitig an.

»Es sollte eine schöne Feier werden«, fuhr die alte Nani fort. »Alles war so lange geplant und sollte perfekt werden. Man heiratet schließlich nur einmal! Alle Holzwürmer hatten sich in Schale geworfen und fein gemacht, meine Brautjungfern waren alle mit weißen Rosenblüten bekleidet und dufteten ganz vornehm und süß. Unsere Feier sollte im Gemeindesaal in der alten Zeder stattfinden, die seit eh und je für Festlichkeiten genutzt wurde. Etwas Sorge bereitete uns jedoch das Essen. Für so viele Gäste musste viel Holz herbeigeschafft werden, damit sie nicht unsere Zeder annagten und verunstalteten. Da kam uns die Nachricht von Onkel Willi ganz recht, der auf dem Berg oberhalb unserer Zeder zwei riesige Haufen aufgeschüttetes Holz entdeckt hatte. Kurzerhand beschlossen wir, die Feierlichkeiten auf diesen Berg, in diese leckeren Holzhaufen zu verlegen. Gesagt, getan, wir zogen um.« Nani stöhnte und verdrehte die Augen, als sie an die Folgen dachte, die sich damals daraus ergeben hatten.

»Wenn wir gewusst hätten, was da auf uns zukam«, sagte sie, »dann hätten wir einen großen Bogen um dieses Gratisessen gemacht, das kann ich euch sagen!«

»Erzähl schon«, drängten die jungen Holzwürmer und rückten näher zusammen.

»Wir wählten uns einen der beiden Haufen aus, ließen die Musik ertönen, tanzten und feierten und bemerkten nicht, was draußen vor sich ging. Erst als das Gebrüll der Menschen dort draußen immer lauter wurde, wurden wir aufmerksam. So hatten sich die Menschen noch nie aufgeführt. Sie tanzten um den anderen Haufen, riefen, schrien und schnitten sich mit scharfen Messern selbst ins Fleisch. Wir konnten bei diesem Lärm nicht mehr in Ruhe weiter feiern. Wir beschlossen, zur alten Zeder zurückzukehren, um unser Fest dort fortzusetzen.

Aber das war leichter gesagt als getan. Onkel Willi, den wir vorausgeschickt hatten, kam atemlos zurück. »Die Menschen haben einen Graben ausgehoben, der einmal ganz um unseren Holzhaufen herumführt«, berichtete er. »Wir können nicht zurück!

Erschrocken sahen wir ihn an, dann überzeugten wir uns alle selbst davon. Während um den anderen Haufen hunderte von Menschen herumtanzten und schrien, stand vor unserem Holzhaufen nur ein Einzelner. Er hatte die Hände zum Himmel erhoben und rief einigen Zuschauern merkwürdige Dinge zu. Elia, glaube ich, war sein Name. Ich verstand nur wenig, doch als ich Menschen mit Wasserkrügen auf uns zukommen sah, war mir alles klar.

›Sie wollen uns ertränken!‹, rief ich außer mir vor Angst. ›Wir müssen sofort hier raus!‹ Doch es war zu spät. Ein eisiger Guss widerlichen Wassers ging auf uns nieder und spülte uns hinab zur Erde. Viele Verwandte schrien, Tante Elsie sauste in einem gewaltigen Wasserschwall an mir vorbei und Onkel Willi hielt sich nur noch mühsam an einem Ast fest. Diesem ersten Wasserschwall folgten weitere und wir alle befürchteten schon, ertrinken zu müssen, als plötzlich das Wasser versiegte. Das Holz um uns herum triefte nur so und war feucht und glitschig. Die Menschen haben manchmal wirklich komische Einfälle. Sonst musste das Holz immer schön trocken sein, damit sie es anzünden konnten, und nun taten sie so etwas!«

Die alte Holzwurmfrau streckte ihre Beine für einen Moment von sich und holte tief Luft. Sie senkte ihre Stimme.

»Aber es sollte noch schlimmer kommen. Onkel Willi, der die Sprache der Menschen etwas verstand, hörte immer wieder ein Wort heraus, und zwar: ›Feuer‹!« Das letzte Wort hatte Nani laut herausgeschrien, so dass die Holzwürmchen erschrocken zusammenzuckten.

»Nachdem die Menschen uns also fast ertränkt hatten, wollten sie uns nun auch noch rösten«, erzählte Nani weiter. »Wir mussten schleunigst aus dem Holzhaufen heraus! Tante Elsie hatte sich ein Bein gebrochen und stöhnte und jammerte, doch als Onkel Willi ihr sagte, sie würde verbrennen, wenn sie noch eine Sekunde länger hier bleiben würde, da hättet ihr sie einmal laufen sehen sollen!« Nani und die Holzwürmchen lachten.

»In harter Gemeinschaftsarbeit zogen wir einen großen Ast aus dem Holzhaufen und legten ihn quer über den Graben, der jetzt völlig mit Wasser gefüllt war. Schnell kletterten wir hinüber und brachten uns auf der anderen Seite in Sicherheit. Keine Minute zu früh, denn schon fiel Feuer vom Himmel direkt auf unser Festessen herab und verzehrte alles – bis auf das letzte Krümelchen. Sogar das Wasser im Graben zischte und verdampfte schließlich ganz.«

Atemlos hielt die alte Holzwurmfrau inne. »Später erfuhren wir, dass Gott das Feuer geschickt hatte, um den Menschen, die um den anderen Haufen tanzten und schrien, zu beweisen, was er alles kann. Der andere Haufen aber ging nicht in Feuer auf, den hätten wir wählen sollen«, lachte Nani.

»Tante Elsies Bein war schnell wieder geheilt«, schloss Nani ihre Erzählung. »Wir sind noch einmal glimpflich davongekommen. Aber nie wieder sind wir zum Feiern in einen Holzhaufen gezogen, der von Menschen aufgerichtet wurde, die Gott, den Allmächtigen, anbeten.«

Arbeitshilfen

a) Verlaufsskizze:

Die Geschichte ist sicherlich einfacher zu verstehen, wenn die Kinder der Lerngruppe ein wenig über das Prophetentum und die Problematik der Baalspriester in der Elia-Erzählung wissen. Sie sollte deshalb nicht unbedingt als Einstieg in das Thema benutzt werden, sondern als Zusatz.

Hörauftrag: *Wer baut den ersten Holzhaufen und wer den zweiten? Was passiert mit beiden Holzhaufen?*

◇ Nachdem die Kinder der Lerngruppe erfahren haben, wer Elia ist, wovor er sich fürchtet und gegen wen er antritt, kann die Geschichte der Holzwurmfrau Nani vorgelesen werden.
◇ Über die Geschichte wird gesprochen.
◇ Welche Gedanken habt ihr, wenn ihr an Feuer denkt?

Auftrag: *Entwerft zu zweit ein Cluster zum Kernwort: Feuer!*

Das Clustering* ist ein nichtlineares Brainstorming-Verfahren, das mit der freien Assoziation verwandt ist. Dabei soll das bildliche Denken gefördert, die unnachgiebige Zensur des begrifflichen Denkens umgangen und Schreibängste abgebaut werden. Das Clustering wird als »Kurzschrift des bildlichen Denkens« bezeichnet - eine Anhäufung freier Assoziationen um einen gewählten Begriff herum (Cluster = Haufen, Schwarm, Anhäufung, Traube). Um ein Kernwort werden spontan und möglichst schnell Assoziationsketten notiert, um die Zensur und Kontrolle auszuschalten. Dabei werden Begriffe, die mit dem Kernwort assoziiert werden, um dieses herumgeschrieben. Zu diesen assoziierten Begriffen können wiederum andere assoziiert werden usw. (siehe Beispiel). Diese spezielle *Schreib-Weise*, so Gabriele L. Rico, fördere eine intensive Vernetzung von Ideen und biete zugleich jedem Einzelnen genügend Gelegenheit zu einer selbstbestimmten Entwicklung von Assoziationen.

Beispiel: Cluster »Feuer«

* Vgl. Rico, Gabriele L.: Garantiert schreiben lernen, Reinbek bei Hamburg 1987.

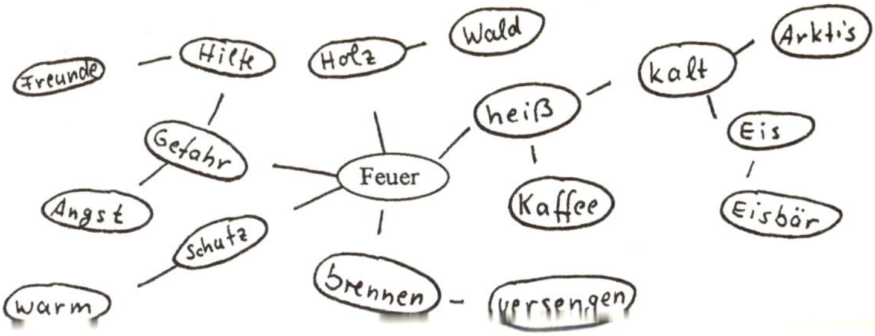

◇ Das Verfahren eines Clusters sollte den Kindern bekannt sein. Ansonsten müßte man es vorher mit den Kindern zusammen schon einmal geübt haben. Am sinnvollsten sind Kernwörter, die im Erfahrungsbereich der Kinder liegen (z.B. Familie, Freunde, Ferien, Fernsehen, aber auch abstrakte Begriffe wie Liebe, Glück, Hoffnung).

◇ Die Cluster werden anschließend ausgewertet. Jedes Kind sucht sich jeweils drei Begriffe aus, die es ganz besonders stark mit dem Begriff »Feuer« assoziiert. Aus diesen drei Begriffen soll nun ein Wachsgraffito (s. S. 69) entstehen.
Die Kinder haben die Möglichkeit gegenständlich zu malen (herauszukratzen), z.B. Flammen, Fackeln, Kerzen, Lagerfeuer, aber auch die Gegensätze aus dem Cluster wie Eisberg, erloschene Kerze oder Gegenstände wie Holz, Wald, usw. darzustellen. Sie haben aber auch die Möglichkeit, nur mit Farben und Formen etwas auszudrücken. Dabei müssen die Kinder jedoch schon vor dem Auskratzen, in dem Moment, wo sie ihre Farben für den Untergrund wählen, sich darüber Gedanken machen. Es entstehen dann Formen und Farben, die Wärme, Ruhe, Licht, aber auch Gegensätze wie warm - kalt, hell - dunkel, Gemeinschaft - Einsamkeit usw. symbolisieren. Dunkle Farben, helle Farben, sanfte Formen, krasse Formen, all das dient den Kindern zum Ausdruck (allerdings nur für Kinder in einem Alter mit Symbolverständnis, ab ca. 12 Jahren).

Auftrag: *Suche dir drei Begriffe zum Kernwort Feuer heraus, die ganz besonders wichtig für dich sind! Erstelle aus diesen Begriffen nun ein Wachsgraffito!*

◇ Die Wachsgraffitos werden aufgehängt und betrachtet. Dabei können durchaus noch einmal alle Aspekte und Eigenarten des Feuers (Helligkeit, Wärme, Schutz, aber auch Gefahr, Vernichtung, Angst . . .) genannt werden.

◇ Wenn Gott Macht über das Feuer hat, was kann das für die gläubigen Israeliten bedeuten, besonders aber für Elia? Anhand der Bilder und anderer Gotteserfahrungen von Menschen aus der Bibel oder aus dem eigenen Leben wird über den *allmächtigen* Gott gesprochen.

b) Alternativen:

◇ Gott hat Macht über das Feuer, aber Baal nicht. An der Tafel oder auf einem Plakat werden den Kindern nun zwei aufgemalte Holzhaufen gezeigt. Um den einen tanzen die Baalspriester, vor dem anderen steht nur eine einzige Person. Die Kinder weisen den zwei Haufen die Bezeichnungen »Elia« und »450 Baalspriester« zu, die auf zwei Papierstreifen stehen.

◇ Jedes Kind erhält nun eine gelbe Tonpapierflamme, auf die es alles aufschreibt, was Feuer ist oder tut (also ein Cluster in Kleinformat).

Auftrag: *Schreibe alles auf die gelbe Flamme, was dir zu Feuer einfällt. Wie sieht es aus, wie riecht es, was tut es, wie ist es?*

◇ Nun werden die Feuerflammen auf den »richtigen« Holzhaufen (Elia) geklebt und natürlich auch einige Flammen, die aus dem Himmel kommen (wenn man will).

◇ Es kann über den Satz: »Gott ist allmächtig« gesprochen werden.

Neutestamentliche Variante

◇ Das Feuer kann auch in Bezug auf Pfingsten thematisiert werden. Um den Kindern das Wirken des Heiligen Geistes zu verdeutlichen, sollten sie alles, was ihnen zu »Feuer« einfällt, auf kleine, aus Tonpapier zugeschnittene Feuerflammen aufschreiben. Diese Feuerflammen haben wir anschließend zu Pfingstrosen zusammengeklebt (s.u.). So wie das Feuer, so ist auch der Heilige Geist.*

◇ Das Gleiche haben wir mit dem Kernwort »Wind« gemacht, nur dass wir alles auf kleine weiße Wolken geschrieben haben. Woran erkennt man Wind überhaupt? An der Bewegung von Dingen, Gegenständen, Pflanzen, Menschen . . .
So wie ein Sturm, so ist auch der Heilige Geist. Woran kann man das Wirken des Heiligen Geistes erkennen? An der Bewegung, die in Menschen ausgelöst wird.

* Angelehnt an: Arbeitsstelle für ev. Religionspädagogik Ostfriesland (Hrsg.): Werkstatt für KU/RU, Aurich, Anregungen VI, S. 27.

◇ Wir haben dann alle Flammen und Wolken an eine Wand gehängt und darüber folgende Sätze geschrieben:
»Gottes Geist ist wie ein Brausen, wie ein gewaltiger Sturm, der vom Himmel kommt.« - »Gottes Geist ist wie ein Feuer.«**

c) *Materialien:*

- Plakate oder Tapetenrollen
- gelbes und weißes Tonpapier
- Wachsmaler (besonders viel schwarz) und Kratzgeräte (Messer oder Nadeln, gut eignen sich auch Webnadeln)
- Kleber
- Skizze von zwei Holzhaufen mit Strichmännchen

** Weitere Anregungen in: Kuhl, Lena (Hrsg.): Auf der Suche nach Gottes Geist - Feuer, Sturm, Taube & Co. Arbeitshilfen Grundschule 2, rpi, Loccum.

Zur Technik des Wachsgraffito:

- Auf ein festes weißes Blatt (oder weißes Tonpapier), das nicht größer als DIN-A5 sein sollte, werden helle Feuerfarben mit Wachsmaler (rot, gelb, orange usw.) großzügig aufgemalt. Dabei kommt es darauf an, dass die Farben wirklich kräftig aufgedrückt werden, so dass kein bisschen Weiß mehr zu sehen ist.
- Diese bunte Fläche wird nun mit einem schwarzen Wachsmaler übermalt, bis alle Farben unter dem Schwarz verschwunden sind.
- Wieder ist es wichtig, sehr stark aufzudrücken, damit der schwarze Wachsmaler auch die hellen Farben gut abdeckt.
- Nun wird mit einem Kratzgegenstand die schwarze Farbe wieder weggekratzt. Die hellen Farben kommen zum Vorschein. Dabei ist es den Kindern freigestellt, ob sie abstrakte Formen kratzen oder gegenständlich arbeiten wollen.
- Es sollten Zeitungen zum Unterlegen und ein Handfeger vorhanden sein, mit dem man die Wachskrümel in einen Mülleimer fegen kann.
- Kleinere Kinder sollten Kittel oder alte Hemden ihrer Eltern tragen, damit sie sich nicht allzu schmutzig machen.
- Das Gute an dieser Technik ist, dass man sein Bild beliebig verändern und neu gestalten kann. Gefallen einem die ausgekratzten Formen und Linien nicht, so werden sie ganz einfach mit dem schwarzen Wachsmaler wieder übermalt. Nun kann man mit dem Auskratzen ganz neu beginnen.

7. Wischuh in Seenot

(zur Sturmstillung: Matthäus 8,23-27 und Parallelstellen)

»Ich weiß gar nicht, was du willst«, lachte Nibur und stupste Wischuh mit einem Fühler an. »Das wird bestimmt irre gut!«

Die beiden Schnecken schauten ehrfurchtsvoll zu den kleinen und großen Booten, die am Strand lagen, empor. Selbst die kleineren Boote kamen den Schnecken riesig, ja geradezu gigantisch vor.

»Ich weiß nicht recht«, erwiderte Wischuh unschlüssig, »sie sind so . . .«, er suchte nach dem passenden Wort, »so groß!«

Dabei starrte die kleine Schnecke auf den riesigen Mast, den die beiden sich zum Heraufklettern ausgesucht hatten.

»Bist du sicher, dass das richtig ist?«, fragte Wischuh seinen Freund.

»Aber klar!«, rief Nibur. »Wir wollten es doch immer schon einmal ausprobieren. Was meinst du, was man für einen tollen Blick von da oben hat. Das ist endlich einmal etwas anderes, als auf einen Grashalm zu klettern oder an einer Mauer hoch, die irgendwo endet. Aber schau, Wischuh, diese Stange im Boot scheint bis in den Himmel zu ragen.«

Beide Schnecken warfen erneut einen Blick die Stange hinauf. Und wirklich, der Bootsmast schien überhaupt kein Ende zu nehmen. Nibur sah seinen Freund an.

»Was ist nun?«, fragte er ungeduldig.

»Also gut, ich will es wagen«, erwiderte Wischuh, dem dennoch nicht wohl in seiner Haut war. »Es ist ein langer Weg für uns«, gab er ein letztes Mal zu bedenken, doch Nibur hörte gar nicht mehr auf ihn. Er hatte sich schon auf den Weg gemacht.

Na, dann los, dachte Wischuh und folgte seinem Freund. –

Fast einen halben Tag brauchten die beiden Schnecken, bis sie das Boot erreicht hatten. Selbst der Weg zum Strand hinunter, der für Menschen nur eine Kleinigkeit war, stellte schon eine Marathonstrecke für sie dar. Nun aber hatten sie noch den ganzen Weg übers Deck und dann die Stange hoch vor sich.

Wischuh stöhnte. So anstrengend hatte er sich das nun doch nicht vorgestellt.

»Komm schon, Wischuh«, ermunterte ihn sein Freund, »wenn wir jetzt umdrehen, ist es genauso anstrengend, als wenn wir weiterkriechen. Wir haben es ja schon fast geschafft.«

Fast geschafft ist gut, dachte Wischuh, sagte aber nichts mehr. Nibur war so begeistert von seiner Idee. Nichts würde ihn davon abhalten können, sein Ziel zu erreichen.

Aber da war noch eine Sache, die Wischuh Angst bereitete. Er musste sie ansprechen, sonst würde er platzen.

»Und wenn nun doch Menschen kommen und mit dem Boot davonsegeln?«, fragte er schließlich, als er es gar nicht mehr aushielt. Die Reaktion Niburs war fast so, wie Wischuh sie vorausgesehen hatte:

»Ach was, Wischuh, du kleiner Feigling!«, lachte Nibur. »Wir haben das Boot jetzt lange genug beobachtet. Es liegt schon seit mindestens einem Monat hier. Die Menschen benutzen es nicht mehr, glaub mir!«

So blieb Wischuh nichts anderes übrig, als seinem Freund zu vertrauen und ihm zu folgen.

Gegen Abend hatten sie endlich den Fuß des Mastes erreicht.

»Wir machen eine Pause und kriechen erst bei Sonnenaufgang weiter«, schlug Nibur vor, »dann sehen wir wenigstens, wo's langgeht.«

Wischuh hätte am liebsten gar nicht gerastet. Er wollte die ganze Sache so schnell wie möglich hinter sich bringen. Als Schnecke fühlte er sich einfach nicht für ein Boot gemacht. Es schwankte schrecklich, und die Wellen schlugen gegen die Holzbohlen. Wischuh dachte an das saftige Gras am Ufer und wünschte sich dorthin zurück.

Doch jetzt musste er wohl durchhalten. Nibur schien die ganze Sache überhaupt nichts auszumachen. Im Gegenteil, er freute sich sogar über das kleine Abenteuer. Aber was für ihn ein kleines Abenteuer war, war für Wischuh eine halbe Weltreise. Er hatte Angst vor dem Fremden. Hoffentlich geht das gut, war sein letzter Gedanke, bevor er einschlief. –

Am nächsten Morgen ging die Reise weiter. Wischuh hatte nicht gut geschlafen, er hatte sogar schlecht geträumt. Das Boot war in seinem Traum untergegangen, und er und Nibur waren mutterseelenallein auf dem weiten Wasser geschwommen und von großen Fischen bedroht worden.

Als Wischuh seinem Freund davon erzählte, lachte der nur wieder.

»Wischuh, Wischuh«, neckte er ihn, »du bist wirklich ein Angsthase, aber ein unheimlich netter!«

Gegen Mittag hatten die beiden Schnecken schon ein ganzes Stück vom Mast geschafft und allmählich verschwand Wischuhs Unruhe. Inzwischen konnte er der Sache sogar etwas abgewinnen. Doch der Spaß sollte ihm bald vergehen. Es wurde langsam wieder Abend und Wischuh dachte weder an einen Untergang des Bootes noch an Menschen, als er plötzlich tief unter sich Stimmen vernahm. Vorsichtig drehte er seinen kleinen Kopf und blickte auf das Deck hinunter. Vor Schreck wäre er fast abgestürzt.

»Nibur«, flüsterte er erschrocken, »schau doch, Nibur: Menschen!«

Nibur wollte gerade wieder über Wischuhs Ängstlichkeit spotten, als auch er die Menschen tief unter sich auf dem Bootsdeck erblickte. Es waren dreizehn Männer, die offensichtlich vorhatten, mit diesem Boot über den See zu fahren.

»Das kann doch nicht wahr sein«, stammelte jetzt auch Nibur, der sonst immer den Starken spielte. Doch dann fasste er sich wieder, weil er wusste, dass er Wischuh Mut machen musste. »Vielleicht gucken sich die Männer das Boot ja auch nur an«, sagte er schnell. »Kein Grund zur Aufregung, Wischuh!«

Doch während er noch sprach, wurde das Haltetau gelöst und das Boot vom Ufer abgestoßen.

»Ich hab aber Angst, Nibur!«, schrie Wischuh. »Ich will nach Hause, ich will an Land! Lass uns sofort umkehren!«

Aber Schreien hatte keinen Sinn, das Boot war schon weit draußen auf dem See, unterwegs zum anderen Ufer. Und das war so weit weg, dass man es selbst von hier oben aus nicht sehen konnte.

Zu allem Überfluss begann jetzt ein heftiger Wind zu wehen. Wischuh sah, wie dunkle Wolken sich über dem Wasser zusammenbrauten und schnell auf sie zukamen. Die Wellen schlugen immer höher an die Planken und der Mast wurde heftig hin und her bewegt. Die Menschen unten im Boot hielten sich ängstlich an Seilen und Brettern fest. Nur einer von ihnen schlief ruhig im hinteren Teil des Bootes. Ihm schien das Geschaukel nichts auszumachen.

»Der hat gute Nerven«, sagte Nibur, als er den Schlafenden erblickte. Die Lage für die beiden Schnecken oben am Mast wurde immer heikler. Zu allem Übel kam jetzt noch hinzu, dass es zu regnen anfing. Es stürmte und wehte, brauste und sauste. Wischuh konnte sich kaum noch halten. Er begann zu schreien, als der Sturm immer heftiger wurde. Vor lauter Regen und Getöse konnte er gar nichts mehr sehen. Nur unter sich hörte er die Männer. Sie schrien ebenfalls in Panik. Auch sie kämpften um ihr Leben. Nur der eine, der schlief tatsächlich immer noch.

Wischuh schrie aus Leibeskräften. Und auch die Männer unten schrien: »Herr, hilf uns doch! Siehst du nicht, dass wir untergehen?« Sie rüttelten den schlafenden Menschen wach, doch das konnte Wischuh nicht mehr beobachten. Er begann abzurutschen – ganz langsam.

»Nibur«, schrie er, »ich rutsche!« Er presste die Augen fest zusammen. Er glaubte sich schon verloren, als er plötzlich wieder zu sich kam. Er rutschte nicht mehr, das Boot schaukelte auch nicht mehr, es stürmte nicht mehr und der Regen hatte aufgehört. Vorsichtig blinzelte Wischuh nach unten. Der See war glatt und ruhig.

Wie konnte das sein? Hatte er wieder nur geträumt? Aber nein, er war ja noch ganz nass vom Regen. Was war passiert?

Die Männer unter ihm sahen genauso erstaunt aus. Sie schauten auf den Mann, der geschlafen hatte und nun im Boot stand, vor den anderen. Er hatte einen Arm zum Wasser hin ausgestreckt und ließ ihn jetzt langsam wieder sinken. Wischuh wusste nicht, was das bedeuten sollte, aber er verstand genau, was der Mann jetzt sagte: »Warum seid ihr so ängstlich? Wo ist euer Glaube?«

»Er hat den Sturm gestillt«, flüsterten die Männer und sahen den Mann erstaunt an.

»Er hat den Sturm gestillt«, sagte jetzt auch Nibur, den Wischuh in der ganzen Aufregung gar nicht mehr bemerkt hatte. »Er hat sich einfach hingestellt, den Sturm angeherrscht und gesagt: ›Schweige still!‹ Und dann war es still, ganz still. Wischuh, das ist ein Wunder!«

Ein Wunder? Ja, das war es wirklich. Sie hatten überlebt. Trotzdem nahmen sich an diesem Tag beide vor, um Boote zukünftig einen großen Bogen zu machen.

Arbeitshilfen

a) Verlaufsskizze:

Die Geschichte der Sturmstillung muss nicht unbedingt bekannt sein. Man kann sie im Gespräch nach dem Vorlesen der Geschichte mit einflechten. Wer möchte, kann natürlich die biblische Geschichte im Anschluss auch noch einmal ganz erzählen.

Hörauftrag: *Wischuh und Nibur erleben etwas ganz Ungeheuerliches. Findet ihr es heraus?*

- ◇ Die Geschichte wird vorgelesen.
- ◇ Über die Geschichte wird gesprochen, wobei die Lehrkraft die Originalerzählung als Information mit einfließen lassen kann.
- ◇ Es wird versucht zu klären, was eigentlich ein Wunder ist. Wie unterscheidet es sich von Glück oder Zufall?
- ◇ Zeitungen und Zeitschriften werden verteilt.

Arbeitsauftrag: *Die Kinder sollen in Zeitungen oder Zeitschriften blättern und nachsehen, ob sie so etwas wie »Wundererzählungen« in der heutigen Zeit finden.*

An dieser Stelle bietet sich eine Gruppenarbeit an:

- ◇ Gruppe 1: In kleinen Arbeitsgruppen (3 bis 5 Kinder in einer Gruppe) werden diese Artikel nun gelesen, besprochen und vorgestellt. Hierbei soll möglichst die Frage beantwortet werden, warum Menschen von Wunder, Zufall oder Glück sprechen.
- ◇ Gruppe 2: Eine andere Gruppe kann sich parallel mit weiteren Wundergeschichten aus der Bibel beschäftigen, die ebenfalls gelesen, besprochen und vorgestellt werden.
- ◇ In einer Plenumssitzung werden dann die »Arten« von Wundergeschichten von der jeweiligen Gruppe vorgestellt und von allen diskutiert.
- ◇ In einem weiteren Arbeitsgang kann man die biblischen Wundererzählungen im Stil von Zeitungsartikeln schreiben lassen. Dazu können sich die Kinder in einen Reporter versetzen, der zur damaligen Zeit vor Ort stand und alles berichtete, oder aber die biblische Geschichte in die heutige Zeit übertragen.
- ◇ Welcher Bericht erscheint uns glaubwürdiger?
  Interessant ist es auch, die Geschichte aus der Sicht der Jünger oder aus der Sicht Jesu nacherzählen zu lassen.

b) Alternativen:

◇ Auch das Thema Angst spielt in dieser Wundergeschichte eine große Rolle. Die Angst verhindert den Glauben an Gott. »Wie kann Jesus es nur zulassen, dass wir untergehen?« – Diese Frage stellt die Angst und nicht der Glaube. Wie Angst Menschen in ihrem Handeln und Denken bestimmt, wird im Folgenden veranschaulicht:

Möglichkeit 1: Wovor haben Menschen Angst – ganz allgemein?

◇ Es werden blaue Wellenformen aus Tonpapier verteilt.

Auftrag: *Überlegt euch Ängste, Sorgen, Nöte, die viele Menschen haben, und schreibt sie auf die blauen Wellen!*

◇ Die Angstwellen werden in die Mitte einer Tafel oder an eine weiße Wand geklebt. Anschließend können mehrere Kinder vorlesen, was auf den Wellen steht.
- Ein Boot wird über diese Anstwellen projiziert (OHP) (s. Materialien).
- In das Boot werden einige (ausgeschnittene) »Angstgesichter« von Habdank gelegt.
- Die Kinder betrachten die Angstgesichter und benennen die Ängste der Bootsbesatzung.
- Ein »Standbild« wird gebaut: Ein Kind ist ein Bildhauer, vier andere Kinder die formbare Masse: Ein Angststandbild entsteht (kann bei Bedarf mit einer anderen Gruppe wiederholt werden).
- Das schlafende Gesicht wird nun dazugelegt.
- Die Sturmstillung wird unter folgendem Aspekt thematisiert: Wir sind mit unseren Ängsten nicht allein, so wie die Jünger mit ihren Ängsten nicht allein gelassen wurden.

- Zum Abschluss können Hände als Symbol für Geborgenheit um das Boot gelegt werden. Das Gehaltenwerden durch Gott wird so noch einmal optisch verdeutlicht.

Möglichkeit 2: Wovor habe ich Angst?

Hier wird das Thema Angst stärker auf das einzelne Kind bezogen. Besonders in kleinen Gruppen oder wenn die Kinder sich gut kennen, lässt sich das Thema so am fruchtbarsten erarbeiten.

◇ Die Kinder schreiben ihre eigenen Ängste anonym auf kleine Zettel.
  - Alle Zettel werden in einem Gefäß gesammelt (Tasche, Hut, Karton . . .).
  - Die Zettel werden vorgelesen (entweder reihum von allen Kindern, von einem Kind oder von der Lehrkraft).
  - Es wird über die Ängste gesprochen (die anonym bleiben können).

◇ In Gruppen erhalten die Kinder dann folgende Aufgaben:

Gruppe 1:

Auftrag: *Spielt eine Angstsituation in einem kleinen Theaterstück nach. Am Ende soll eine Lösung stehen. (Wie werde ich meine Angst los? Wie verringere ich sie?)*

Gruppe 2:

Auftrag: *Stellt eine Angstsituation pantomimisch dar (mit und ohne Lösung)!*

Gruppe 3:

Auftrag: *Erstellt eine Collage über die Ängste von Menschen, in der die Ängste »gefangen« sind (z.B. in einem Glas, in einer Kiste, in einem Verließ usw.)!*

Gruppe 4:

Auftrag: *Macht ein Hörspiel zum Thema Angst!*

Gruppe 5:

Auftrag: *Sammelt »Angstgeräusche« auf Kassettenrekorder!*

◇ Alle Gruppenergebnisse werden ausgewertet.

◇ Es kann auch mit »Angstbildern« gearbeitet werden, z.B. mit dem Bild von E. Munch »Der Schrei«. Die ausgeschnittene Figur wird verteilt und von den Kindern auf ein weißes Blatt Papier geklebt.

Auftrag: *Wovor hat diese Person wohl Angst? Wovor erschrickt sie? Malt es auf!*

◇ Als zweiten Auftrag können die Kinder auch ein fröhliches Gegenstück dazu entwerfen.

Auftrag: *Wie würde die Person aussehen, wenn sie keine Angst mehr hätte?*

◇ Die Bilder werden dann betrachtet und verglichen. Welche Farben und Formen tauchen auf?

◇ Es ist auch möglich, das Bild von Käthe Kollwitz auf Folie zu kopieren - mit und ohne Mutter. Zunächst wird über die Angstgesichter der Kinder gesprochen. Dann umfängt die Mutter diese Gesichter mit ihren Armen und verändert so das ganze Bild.

◇ Hier bieten sich eventuell Gedanken - Sprechblasen - an: a) zu den Kindern, b) zur Mutter.

c) Materialien:

1. Zeitschriften und Zeitungen (viele!)
2. blaues Tonpapier in Wellenform
3. W. Habdank, Jünger im Sturm (auf Folie)
4. Hände, die das Boot umschließen, auf Folie
5. Kleber, Schere, Zeitschriften, Kassettenrekorder usw.
6. E. Munsch, Der Schrei (auf Folie und für jedes Kind auf Papier kopiert)
7. Käthe Kollwitz, Mutter mit Kindern (auf Folie)

Krieg, Tod, Dunkelheit, Gewitter, Einsamkeit, Unwetter, Feuer.
Vor Dunkelheit und Einsamkeit.
Vor Gewitter und Sturm, und von Tod und Krieg.
Blitze
Test
Prüfung
Verbrecher geschlagen werden
Waffen
Mörder
Tod
Diebe
Krieg
Schlangen
Schatten
Krankheiten
Dieben
Krieg
Raubtieren
dass sie bei einem Test durchfallen
Tod

Walter Habdank, Jünger im Sturm, mit freundlicher Genehmigung des Künstlers

Zu 6.: E. Munch: Der Schrei (Ausschnitt)
aus: Strukturen der Angst, Arbeitshilfen BBS 19, rpi Loccum 1994, S. 28.

Zu 7.: Mutter mit zwei Kindern
aus: Käthe Kollwitz: Ich sah die Welt mit liebevollen Blicken, Hannover 1962.

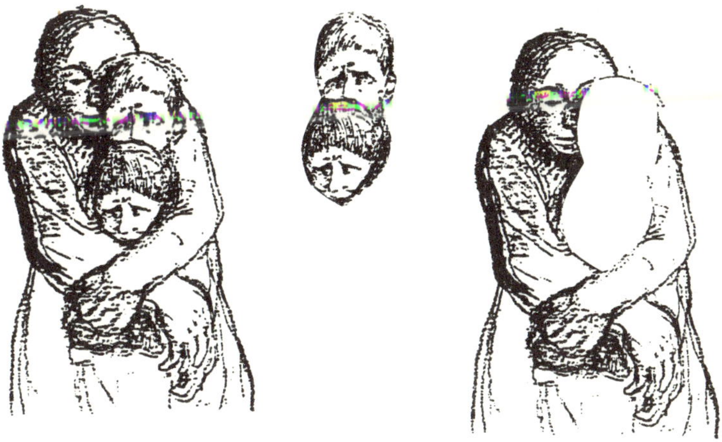

8. Die verpatzte Mahlzeit
(zum Wunder in der Löwengrube: Daniel 6,17ff)

»Ich habe Hunger!«, maulte Leopold in jeder Minute mindestens zehn Mal. »Hunger, Hunger, Hunger!!!« Dabei schlich er auf seinen vier Pfoten immer an der rauhen Steinwand entlang – von links nach rechts, von rechts nach links. Sein Magen knurrte bei jedem Schritt im Takt dazu. Leopold war einst ein mächtiger Löwe gewesen, der jeder Gefahr mit Leichtigkeit getrotzt und der in der freien Steppe gejagt hatte, doch nun hing sein Fell räudig und voller Staub schlaff an seinem ausgemergelten Leib herunter. Seine Mähne war zerzaust, seine Rippen traten hervor und seine Lefzen hingen lose über die immerhin noch scharfen Zähne.

»Du machst mich wahnsinnig mit deinem Gejammer«, erwiderte Jorak. Er war Leopolds Großvater und hatte bereits viele graue Haare in seinem Fell.

»Wir haben hier noch immer genug zu fressen bekommen«, fuhr er fort, »es dauert eben ein bisschen. Vielleicht sind dem König die Feinde ausgegangen.« Er hustete und hüstelte, wobei sich sein magerer Körper zusammenzog.

»Ach was«, brummte Leopold, »vergessen haben sie uns hier unten in der Grube! So etwas Dummes aber auch. Warum habe ich nur auf dich gehört und mich einfangen lassen!« Wütend kratzte der Löwe mit seinen Krallen auf dem staubigen Boden der Grube herum. Ein scharfes Quietschen war zu hören, als er den darunter liegenden Stein anritzte.

»Wir haben es gut gehabt«, schaltete sich nun Kaifahn ein, der Onkel Leopolds, »bis vor ein paar Tagen jedenfalls. Essen frei Haus ohne zu jagen, ohne sich die Lunge aus dem Leib zu hetzen, ohne sich die Pfoten aufzureißen. Einfach nur zulangen, zuschnappen und – schwupps – hatte man einen vollen Bauch. Was für ein herrliches Leben!«

»Aus ist's mit dem herrlichen Leben«, erwiderte Leopold, »jetzt habe ich Hunger. Außerdem wäre ich viel lieber wieder in der offenen Steppe bei der Jagd, als hier herumzusitzen und nichts zu tun. Denkt doch nur an die saftigen kleinen Gazellen, die großen herzhaften Gnus oder die putzigen weißen Schäflein. Sie sind so graziös, so zart und so überaus saftig – mmmh, mir läuft das Wasser im Munde zusammen!«

»Hör schon auf damit«, knurrte Kaifahn, wobei er Leopold einen Schlag mit der Pranke versetzte. »Von deinen Phantasien wird unser Magen auch nicht voll, im Gegenteil, uns wird nur noch klarer, dass wir einen leeren Bauch haben. Also sei endlich still!«

»Vielleicht sollten wir alle laut brüllen«, schlug Leopold vor, der sich nicht mit seiner Lage abfinden wollte. »Wir müssen die Menschen auf uns aufmerksam machen, dann bringen sie uns bestimmt etwas zu fressen. Ich kann es kaum abwarten!« Sofort begann der Löwe sein riesiges Maul zu öffnen und herzzerreißend zu brüllen.

»Hunger«, rief er, »ich habe HUNGER«, buchstabierte er, »H wie ›Hunger‹ – U wie ›ungeduldig‹ – N wie ›Nichts im Magen‹ – G wie ›Gebt mir etwas‹ – E wie ›Eilt euch‹ und R wie ›Rinderbraten‹! HUNGER!!!«

Jorak konnte sich ein Lächeln nicht verkneifen. Ja, so war sie, die Jugend, immer ein bisschen ungeduldig, immer ein bisschen unvernünftig. Die Weisheit lag eben doch im Alter.

Ein weiterer Tag verging, doch niemand brachte den Löwen in der Grube etwas zu fressen. Als der Abend anbrach, platzte Leopold fast vor Zorn.

»Ich will endlich mein Abendbrot«, schimpfte er, »oder besser noch, mein Frühstück, mein Mittag und mein Abendbrot der letzten zehn Tage!«

Wütend sprang er an der steinigen Wand der Grube hoch, fauchte und brüllte. Das hatte natürlich keinen Sinn, denn die Mauern der Grube waren zu hoch, als dass er hätte entkommen können. Gerade eben wollte Leopold erneut gegen seine Lage protestieren, als das Tor zur Grube knarrend geöffnet wurde. Wie ein Wunder kam es Leopold vor, denn im Schein des aufgegangenen Mondes konnte er ganz deutlich eine kleine Gestalt im Tor erkennen, die von zwei Wachen des Königs in die Grube geschoben wurde.

»Etwas kläglich«, ließ sich Kaifahn vernehmen, der aus der Dunkelheit hinter Leopold aufgetaucht war.

»Und etwas dürr«, fügte Jorak hinzu, »doch fürs Erste soll es reichen. Auf, Freunde«, rief er dann und sprang voran, »es ist angerichtet!«

Die Wachen hatten eiligst das große Tor geschlossen und es mit einem riesigen Felsbrocken von außen gesichert, als sie sahen, dass die Löwen herbeigelaufen kamen, um sich ihre Beute zu holen.

»Wie habe ich auf diesen Augenblick gewartet«, brüllte Leopold ganz außer sich und war mit einem Satz als erster am Ziel.

Doch plötzlich wurde ihm schlecht. Sein Magen schien sich um sich selbst zu drehen. Das war aber doch unmöglich, noch nie war ihm schlecht geworden! Er stoppte, taumelte noch einige Schritte auf seine Beute zu, nur um dann festzustellen, dass er sein Maul nicht öffnen konnte. Verwirrt drehte er seinen Kopf zu den anderen Löwen um, denen es genauso zu gehen schien. Jorak stolperte an ihm vorbei, und Kaifahn wurde - wie von unsichtbarer Hand berührt - ständig zurückgestoßen, wenn er einen neuen Versuch startete, die kleine Gestalt mit seinen Pranken niederzustrecken.

»Was um alles in der Welt ist bloß los?«, zischte Leopold durch seine fest verschlossenen Zähne hindurch.

»Ich krieg meine Zähne nicht auseinander«, stöhnte Jorak.

»Und ich kann nicht mehr auf meinen Pfoten stehen«, jammerte Kaifahn, »irgendetwas hält mich davon ab, diesen leckeren Braten zu verzehren.«

Enttäuscht und verwirrt blieben die Löwen stehen und blinzelten den Menschen an, der da so einsam und verlassen vor ihnen stand.

»Der hat nicht mal Angst vor uns!«, fauchte Kaifahn. »Er könnte wenigstens ein bisschen zittern. Stattdessen steht er da, blickt lächelnd in den Himmel und hält die Hände gefaltet!«

»Warum sollte er auch Angst haben?«, erwiderte Jorak, der sich mittlerweile mit seiner Lage abgefunden hatte. »Wir können ihn ja ohnehin nicht fressen.« Zum Greifen nahe, so verlockend, so saftig! Ein bisschen dünn, ja, aber dennoch ausreichend. Der erste Happen seit zehn Tagen, und jetzt das!

»Dabei habe ich immer noch so großen Hunger!«, klagte Leopold. »Eins kann ich dir sagen, Großvater: Bei der ersten Gelegenheit, die sich mir bietet, bin ich hier weg. Da kannst du dich drauf verlassen. Das mache ich nicht länger mit!«

Auf diese Weise verharrten die Löwen still bis zum nächsten Morgen in der Grube und rührten den Menschen nicht an. Bei Sonnenaufgang wurde das Tor geöffnet und Jubel drang zu den Löwen herein, als der Mensch unbehelligt ihre Grube wieder verließ. Die Menschen draußen waren außer sich, besonders der König. Immer wieder riefen sie einen Namen: »Daniel, Daniel, Daniel!«

Das Letzte aber, was die Löwen von dem Menschen hörten, der eine ganze Nacht in ihrer Grube gewesen war und sie nun ungeschoren wieder verließ, war, wie er zum König sagte: »Mein Gott hat seinen Engel gesandt, der den Löwen den Rachen zugehalten hat.« Dann schloss sich das große Tor vor den Augen der Löwen, und ihre Beute war verschwunden. Sehnsüchtig schaute Leopold seiner Mahlzeit nach. Zur gleichen Zeit aber, als das Tor ins Schloss fiel, öffneten sich die Mäuler der Löwen weit, und die Pfoten gehorchten ihnen wieder.

»Na, ist ja toll!«, knurrte Leopold. »Ist ja ganz toll. Hätte dieser Engel nicht einen Tag später kommen können? Jetzt habe ich wieder nichts im Bauch.«

Kaifahn und Jorak stimmten ihm zum ersten Mal zu.

Doch lange sollten die drei nicht mehr warten müssen. Ein wahrer Festschmaus würde für sie beginnen. Denn schon bald sollte sich das Tor ein zweites Mal öffnen, und dann hieß es für alle – »Mahlzeit!«

Arbeitshilfen

a) Verlaufsskizze:

Für diese Geschichte ist ein Vorwissen über Daniel nicht unbedingt notwendig.

Vielleicht haben die Kinder aber schon von Daniel oder Elia gehört, vielleicht sogar von den Jüngern im Sturm (Lukas 8,22-25; Matthäus 8,23-27; Markus 4,35-41); dann kann diese Geschichte an Angst- oder Vertrauenserfahrungen von anderen Menschen aus der Bibel anknüpfen.

◇ Mit dieser Geschichte wird nicht nur ein Teil der Biographie Daniels thematisiert, es kann auch um das Thema Angst und Gottvertrauen gehen.

Hörauftrag: *Wie hilft Gott Daniel? Warum hat Daniel keine Angst?*

◇ Die Geschichte wird nun vorgelesen.

◇ Ein Gespräch schließt sich an.

Auftrag: *Was können in unserem Leben »Löwen« sein? Wovor haben wir manchmal Angst?*

◇ Die Kinder erhalten nun beliebig viele Löwenköpfe aus Tonpapier, in die sie ihre persönlichen oder auch allgemeine Ängste eintragen.

◇ Alle Löwenköpfe werden dann auf ein großes Plakat geklebt und dabei vorgelesen. Die Kinder sollten an dieser Stelle jedoch nicht dazu gezwungen werden, ihre Ängste vor allen auszusprechen. Es ist wichtig, die Kinder nicht unter Druck zu setzen, da es sich um ganz persönliche Ängste handeln kann. Druck kann das Vertrauen der Kinder zur Lehrkraft zerstören. Das Problem kann entweder dadurch umgangen werden, dass die Kinder anonym schreiben, also auch keinen Namen auf ihren Löwenkopf setzen, oder aber es werden alle Löwenköpfe erst einmal aufgeklebt und anschließend von einer Person (einem Kind oder der Lehrkraft) vorgestellt. Das hat den Vorteil, dass sich die Kinder hinter anderen Aussagen verbergen und selbst Distanz zum Gesagten gewinnen können.

◇ Anschließend wird darüber gesprochen, was uns unsere Ängste nehmen kann oder was wir gegen sie tun (Eltern, Gespräche, Geduld, Gemeinschaft mit einem Freund/einer Freundin, Musik . . .)

Auftrag: *Schreibe eine Sache in den Engel, die dir die Angst nehmen kann!*

◇ Jedes Kind erhält nun einen Tonpapierengel.

◇ Anschließend werden die Engel mitten unter die Löwen geklebt. Wieder werden die Aussagen anonym vorgestellt. Ich habe jedoch die Erfahrung gemacht, dass die Kinder an dieser Stelle oft gern selbst ihre Engel vorstellen wollten. Das durften sie natürlich! Es fällt den Kindern oft leichter, das Positive als das Angstmachende beim Namen zu nennen.

◇ Mit älteren Kindern, bei denen bereits ein Symbolverständnis entwickelt ist, kann aus den Engeln die Form eines Kreuzes gelegt werden – Jesus als derjenige, der bei uns ist und uns die Ängste nimmt.

b) Alternativen:

◇ Die Kinder einer Klasse oder einer Gruppe wissen oft gegenseitig von ihren Ängsten. Manchmal sind sie Stoff für Hänseleien oder Streitigkeiten. Um dem entgegenzuwirken, werden die Engel nicht aufgeklebt, sondern verschenkt.

Auftrag: *Überlege dir, wer von deinen Mitmenschen vor etwas Angst hat, und schenke ihm diesen Engel. Der Engel soll ihm zeigen, dass er nicht allein mit seinen Ängsten ist und dass auch du ihm helfen möchtest.*
Überlege dir, wie du dem anderen helfen kannst!

◇ Bei dieser Aufgabe ist zu beachten, dass auch Mitmenschen ausgewählt werden dürfen, die nicht zur Gruppe gehören oder nicht so beliebt sind, ja gegen die man vielleicht sogar etwas hat. Kinder übertreffen sich manchmal selbst und springen eher über ihren Schatten als Erwachsene!

◇ Zum Abschluss kann ein Lied gesungen werden, das von Gottvertrauen spricht, z.B. »Ich trau auf dich, o Herr«.

c) Materialien:

1. Löwenköpfe aus Tonpapier

2. Engel aus Tonpapier

3. Lied: »Ich trau auf dich, o Herr« (in: Lebenslieder Nr. 142, Hrsg.: CVJM-Gesamtverband in Deutschland e.V., Verlagsgemeinschaft mundorgel verlag gmbh Köln/Waldbröl, 2. Auflage 1993).

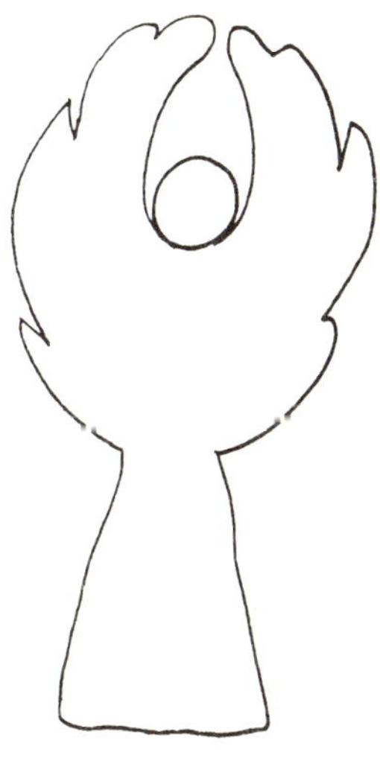

9. Ein Wal hat Schluckauf

(zur Jona-Geschichte: Jona 1-4)

»Hicks«, ertönte es laut vom Meeresgrund. Archibald schüttelte unwillig seinen großen Kopf. Schon seit Stunden quälte ihn ein fürchterlicher Schluckauf.

»Wo hab ich nur diesen lästigen Schluckauf her?!«, brummte er mürrisch, denn immer wieder wurde er von einem lauten »Hicks« heimgesucht. Archibald war ein Wal, und man muss sagen, ein sehr großer Wal. So groß wie ein Haus, nein, was sage ich, so groß wie ein Wolkenkratzer. Bei seiner Größe war es unvermeidlich, dass das Meer bewegt wurde und das Wasser in Wallung geriet, wenn er einen Schluckauf bekam. Archibald schwamm an die Oberfläche des Meeres und spritzte ungeduldig eine Wasserfontäne bis hoch in den Himmel. Mit seiner schweren Schwanzflosse teilte er die Fluten, während der Schluckauf immer lauter und schlimmer wurde.

»Das ist ja nicht auszuhalten!«, schimpfte plötzlich eine Stimme neben ihm. Archibald drehte seinen mächtigen Kopf herum, konnte aber nichts entdecken. Er glaubte schon, sich verhört zu haben, als die Stimme fortfuhr zu schimpfen: »Geht das Ganze nicht auch etwas leiser?« Erneut wandte sich Archibald um, und diesmal entdeckte er einen kleinen Seestern, der frech an seiner linken Seite klebte.

»Da freut man sich, endlich eine billige und bequeme Mitreisegelegenheit gefunden zu haben«, beschwerte sich der Seestern empört, »und dann wird man in einer Tour von diesem fürchterlichen Lärm belästigt.«

Böse brummte Archibald zurück: »Glaubst du, ich hätte mir den Schluckauf freiwillig ausgesucht und er würde mir Spaß machen? Nein, ich wäre auch froh, wenn er endlich wieder wegginge. Ich weiß auch gar nicht, woher er gekommen ist. So etwas ist mir noch nie passiert!«

Der Seestern räusperte sich: »Ähäm, du hast vielleicht irgendetwas verschluckt, was dir jetzt schwer im Magen liegt.«

»Ach was«, erwiderte Archibald, »ich habe nichts verschluckt. Das hätte ich doch gemerkt!« Doch plötzlich stutzte er.

»Hast du das auch gehört?«, flüsterte er dem Seestern an seiner Seite zu.

»Was denn?«, fragte dieser zurück.

»Na, die Stimme eben!«, erwiderte Archibald.

»Ich habe nichts gehört«, sagte der Seestern.

»Aber da war ganz deutlich eine Stimme, die etwas gesagt hat«, beharrte der Wal. Doch der Seestern schüttelte nur den Kopf. »Ist es nicht genug«, fragte er, »dass du einen Schluckauf hast und damit anderer Leute Ruhe störst? Musst du jetzt auch noch anfangen, merkwürdige Stimmen zu hören, wo niemand ist? Ich glaube, du spinnst ein bisschen . . .«

Aber Archibald war sich ganz sicher, dass er eine Stimme gehört hatte. Er schaute sich um und überblickte die ruhige blaue Fläche des Meeres. Außer dem Seestern an seiner Seite und ihm selbst war niemand zu sehen, und das Meer lag friedlich da. Der Seestern plapperte ununterbrochen fort, klagte über dies, jammerte über das, bis er von Archibald ungeduldig in seinem Redefluss unterbrochen wurde: »Da!«, rief der Wal ganz aufgeregt. »Da ist es wieder! Ich hab mich also doch nicht geirrt. Und spinnen tue ich auch nicht«, fügte er beleidigt hinzu.

Und wirklich, diesmal war es keine Einbildung. Auch der Seestern vernahm jetzt ganz deutlich eine Stimme. »Da singt jemand«, rief er halb erstaunt, halb ungläubig. »Und«, fuhr er jetzt lachend fort, »es kommt aus deinem Bauch!«

»Unmöglich!«, protestierte der Wal mit seiner tiefen Stimme, während ihn ein neuer Schluckauf durchschüttelte. »Ich bin doch kein Bauchredner und schon gar kein Bauchsänger, ohne dass ich etwas davon wüsste!«, rief er aufgebracht. Der Seestern ließ sich aber nicht davon abbringen zu wiederholen, dass diese geheimnisvolle Stimme, die ein Liedchen angestimmt hatte, aus dem Bauch des Wales kam.

»Wenn du mich fragst«, sagte der Seestern wichtigtuerisch, »dann musst du doch etwas verschluckt haben.«

»Ich habe dich aber nicht gefragt«, erwiderte Archibald ärgerlich. »Und überhaupt: Wer hat dir eigentlich erlaubt, umsonst mitzureisen, als Schwarzschwimmer sozusagen?« Der Seestern ließ sich jedoch nicht einschüchtern, denn er saß an der Seite des Wales ganz fest, so dass Archibald ihm nichts antun konnte.

»Ich reise nicht umsonst mit«, erwiderte der unbeliebte Gast geschickt, »denn mein Rat ist teuer. Der kostet dich etwas!«

»Und was, um alles in der Welt, rätst du mir?«, fragte Archibald, der allmählich die Geduld verlor.

»Spuck doch einfach aus, was in deinem Bauch ist«, schlug der Seestern vor, »vielleicht bereitet dir diese unheimliche Stimme ja diesen Schluckauf. Wenn du sie losgeworden bist, geht es dir bestimmt gleich besser, und ich habe endlich wieder meine Ruhe!«

Archibald überlegte einen Moment. Er war sich nicht sicher und traute dem Ganzen noch nicht.

»Und wenn es etwas Gefährliches ist?«, fragte er schließlich.

»Was?«, fragte der Seestern zurück.

»Na, das in meinem Bauch«, polterte der Wal drauflos.

»Wenn es etwas Gefährliches ist«, bemerkte der Seestern keck, »dann kann es in deinem Bauch mehr Schaden anrichten als hier draußen im Meer. Wie kann ein so großer und starker Wal, wie du es bist, nur vor etwas Angst haben? Ts, ts, ts!«

»Na gut, wie du meinst«, erwiderte Archibald. »Ich werde das Ding ausspucken. Aber dazu will ich an die Küste schwimmen. Denn wenn es doch gefährlich ist, dann soll es auf dem Land sein Unwesen treiben und nicht bei uns im Meer.«

Sogleich tauchte der riesige Wal in die blauen Fluten und machte sich auf den Weg zur Küste. Schnell und geschmeidig glitt Archibald durch das Wasser, bis er schließlich das nahe Land erreicht hatte. Dort wollte er das Ding ausspucken, das ihn schon seit vielen Stunden mit diesem fürchterlichen Schluckauf quälte. Archibald öffnete seinen riesigen Rachen, und mit einem letzten, lauten und gewaltigen »Hicks« spie er das Ding an Land.

Es war ein kleines, nasses und klägliches Ding. Aber als es sich auf seine beiden Beine stellte und aufrichtete, sang es fröhlich:

»Ich bin Jona, der Prophet, und nun, Gott, gehe ich nach Ninive!«

Arbeitshilfen

a) Verlaufsskizze:

Die Geschichte kann als Einstieg ins Thema Propheten dienen, so dass keine Vorerfahrungen mit der Person des Jona nötig sind. Die anschließende Einheit, die jede Lehrkraft oder Gruppenleiterin durchführt, sollte die Biographie des »mürrischen Propheten« dann aber aufgreifen, um die Geschichte in einen Gesamtzusammenhang zu bringen. Sie kann mit Geschichten über andere Propheten (Amos, Elia, Jesaja . . .) verbunden werden. Verwendet man die Geschichte allerdings für das Thema Jona, sollte der erste Teil der Jonaerzählung bis zu der Stelle, an der Jona über Bord des Schiffes ins Meer geworfen wird, schon bekannt sein.

◇ Die Geschichte wird vorgelesen (am besten im Sitzkreis).
◇ Es bietet sich an, die Kinder bei den lauten »Hicks-Tönen« des Wales einzubeziehen, da bei dieser Geschichte kein Hörauftrag gestellt wird.
◇ Der letzte Satz der Geschichte: »Ich bin Jona, der Prophet, und nun, Gott, gehe ich nach Ninive!«, dient zur Überleitung zum Thema Propheten.
◇ Das Wort *Prophet* wird an die Tafel geschrieben.

◇ Einige Kinder können sich spontan dazu äußern, raten, fragen usw.

◇ Anschließend bekommen sie einen Text. Beim Lesen sollen sie unterstreichen, was über einen Propheten gesagt wird (z.B. den Text von Naboth und seinem Weinberg, 1. Könige 21,1-29 s.u.).

◇ Mit jüngeren Kindern sollte nur der umrahmte Abschnitt bearbeitet werden, da der Lesestoff sonst zu umfangreich ist. Möglich wäre es dann, den ersten Teil selbst vorzulesen und nur den umrahmten Teil mit den Kindern zusammen zu lesen.

◇ Bei älteren Kindern kann durchaus der gesamte Text gelesen werden, entweder still oder einmal laut im Plenum.

Aufgabe: *Unterstreiche mit einem Rotstift die Wörter, die einen Propheten beschreiben. Was muss ein Prophet oft tun? Wie fühlt er sich manchmal? Was sagt er dem König?*

◇ Anschließend kann ein Rätsel gelöst werden, z.B. das unten angeführte.

◇ Darüber hinaus kann das Prophetentum anhand von mehreren ausgesuchten Propheten des Alten Testaments thematisiert werden (z.B. Elia, Jona, Micha, Amos . . .). Was ist bei ihnen ähnlich? Was ist unterschiedlich? Wann treten sie auf und warum?

Die Geschichte im Zusammenhang mit Jona (ca. 2 Stunden)

◇ Der erste Teil der Jonaerzählung sollte schon bearbeitet worden sein, bis zu der Stelle, an der Jona über Bord des Schiffes geht.

◇ Nun gibt es verschiedene Möglichkeiten:

1. In einem kurzen Anspiel wird die Geschichte noch einmal aufgefrischt, wobei »Jona« plastisch vom »Wal« verschluckt wird. Es bietet sich hier die Verwendung einer großen Decke

an, die von vier Kindern über »Jona« gestülpt wird, der nun im Dunkeln sitzt. Ältere Kinder (ab 12 J.) spielen schon »symbolischer«. (So wurde z.B. die Angst des Jona, die ja sein ständiger Begleiter zu sein scheint, durch eine dunkel vermummte Gestalt dargestellt, die wie ein dunkler Schatten um Jona herumschleicht und ihn ständig bedrängt – während der Zorn Jonas über seinen verdorrten Rizinus durch Geräusche und Lichteffekte ausgedrückt wurden.) Anschließend wird den Kindern das Bild (Jona im Fisch) gezeigt.

2. Anhand einer Bildergeschichte wird der Anfang noch einmal nacherzählt oder von den Kindern wiederholt. Durch ein weiteres Bild (Jona im Fisch) wird die Geschichte fortgesetzt.

◇ Die Kinder betrachten das Bild.

◇ Es folgt ein Gespräch mit den Kindern: Wie fühlt Jona sich?

Aufgabe: *Schreibe eine Sprech- oder Denkblase zu Jona im Fisch!*

◇ Sprech- oder Denkblasen werden in das Bild (s.u.) hineingeklebt und ausgewertet.
Anmerkung: Oft habe ich festgestellt, dass die Kinder dazu neigen, nur die Ängste des Jona nachzuempfinden und zu nennen. Da sein Gebet zu Gott aber auch Lobpreis und Ausdruck von Geborgenheit enthält, ist mir folgender Gedanke gekommen:

◇ Neben das Bild von Jona im Wal wird ein Bild von einem Kind im Mutterleib gelegt. (Stummer Impuls: ruhig abwarten, bis die Kinder von allein etwas sagen, es lohnt sich!)

◇ Es folgt ein Gespräch mit den Kindern: Wie fühlt sich wohl ein Baby im Bauch?
Anmerkung: Nun haben die Kinder die Möglichkeit nachzu-

vollziehen, dass Jona auch Geborgenheit empfindet. Außerdem fühlt Jona sich wie neu geboren, als der Fisch ihn wieder freigibt!

Aufgabe: *Überlege dir noch einmal, wie Jona sich fühlt, was er denkt usw.! Was sagt er wohl zu Gott? Schreibe das Gebet auf!*

- ◇ In den Fisch sollen die Kinder nun das Gebet des Jona schreiben, dass sie sich ausdenken. Die Sprech- oder Denkblasen und die Anreize durch die Bilder helfen ihnen dabei.
- ◇ Abschließend werden die Gedanken und Gebete vorgelesen und mit dem wirklichen Gebet, wie es in der Bibel steht, verglichen. Dabei sollte jedoch auf eine ausreichende Würdigung der Kinderarbeiten geachtet werden. Auch darf das Original nicht mit dem Hinweis »So ist es richtig« kommen, damit die Kinder ihre eigenen Arbeiten nicht als überflüssig empfinden.
- ◇ In den folgenden Stunden kann dann der Rest des Jonabuches erzählt oder gespielt werden.

b) Alternativen:

- ◇ Befindet sich »Jona« bereits unter der Decke, d.h. im Wal, kann daraus spontan ein Standbild entstehen. Jona verharrt in seiner Pose (klein, zusammengekauert, gebückt) und auch die Kinder, die den Wal spielen, dürfen sich nicht weiter bewegen.
- ◇ Andere Kinder, die Zuschauer, sollen sich nun in Jona hineinversetzen, indem sie an ihn herantreten, ihm die Hand auf den Kopf legen und laut, wenn möglich in der Ich-Form, wiedergeben, was er denkt oder was er fühlt. Diese Vorgehensweise erleichtert die Identifikation und bietet bereits die Möglichkeit, erste Gebetsformulierungen zu hören. (Das ist besonders für lernschwächere Kinder sehr wertvoll.)

c) Materialien:

1. Die Geschichte von Naboth und seinem Weinberg (1. Könige 21,1-29)
2. Rätsel zum Propheten Jona mit Lösung
3. Arbeitsblatt: Jona im Fisch
4. Kind im Mutterleib
5. Jona im Fisch und sein Gebet zu Gott

Die Geschichte von Naboth und seinem Weinberg (1. Könige 21,1-29)

Naboth besaß einen Weinberg, der sehr fruchtbar war. Er lag neben dem Palast des Königs Ahab. Dieser König wollte nun den Weinberg für sich haben, um Gemüse anpflanzen zu können. Aber Naboth gab seinen Weinberg nicht her, denn er war das Erbstück seiner Väter. Das ärgerte den König sehr. Er ging wütend nach Hause, aß nichts und trank nichts und wollte mit niemandem mehr sprechen. Als seine Frau Isebel das hörte, wurde sie zornig und sprach:

»Ahab, du bist doch König, man muss dir gehorchen, wir haben noch immer das bekommen, was wir wollten.« Aber der König wollte auch von seiner Frau nichts wissen. Da sagte sie:

»Lass nur, ich werde dir den Weinberg schon besorgen!« Damit verließ sie den königlichen Saal. Isebel ließ ein Festessen bereiten und lud alle Großen der Stadt dazu ein. Auch Naboth war unter den Gästen. Als sie an der Tafel saßen, ließ Isebel das Gerücht herumgehen, dass Naboth schlecht über den König und über Gott geredet habe. Die anderen Gäste waren darüber so empört, dass sie Naboth zu Tode steinigten, denn Gotteslästerung wurde mit dem Tode bestraft. So starb Naboth, und der Weinberg sollte nun dem König Ahab gehören. Aber Gott hatte gesehen, dass ein Unrecht geschehen war. Deshalb sprach er zu Elia, seinem Propheten:

»Gehe zu Ahab und spreche in meinem Namen zu ihm! Er hat getötet und will nun Erbe des Ermordeten werden. Das sollst du verhindern. Zeige ihm seine Schuld auf. Ich will ihn vertilgen von der Erde. Auch soll er sterben. Und mit ihm Isebel, seine böse Frau. Sie soll von Hunden gefressen werden.«

Elia ging also zum König Ahab. Aber er hatte schreckliche Angst, denn Isebel, die Frau des Königs, hatte Elia verfolgen lassen und wollte auch ihn töten. Aber Elia nahm all seinen Mut zusammen. Er drohte dem König mit dem Tod, warnte ihn vor Unglück und forderte ihn auf, Buße zu tun, das heißt, alles zu bereuen. Und Ahab bereute alles, er zog sich einen alten Sack über und rieb sich mit Asche ein. Das war ein Zeichen dafür, dass er es ernst meinte mit seiner Buße. Daraufhin hat Gott ihm vergeben, so dass er nicht sterben musste. So hatte Elia seinen Auftrag vollendet.

Rätsel-Lösung
zu: »Knack den Code«

P ROPHETEN LEBTEN IN ISRAEL
R EDETEN ÜBER DAS, WAS GESCHEHEN WÜRDE
O FT AUSGELACHT UND VERFOLGT
P AUSENLOS IM DIENST
H IELTEN REDEN IN GOTTES NAMEN
E MPFINGEN VON GOTT ANWEISUNGEN
T ADELTEN MANCHMAL DIE MENSCHEN

Rätsel: »Knack den Code«

P _ _ _ _ _ _ _ _
21 4 9 20 16 26 16 18

_ _ _ _ _ _   _ _
10 16 7 26 16 18   6 18

6 12 21 5 16 10

R 16 8 16 26 16 18   28 7 16 21

8 5 12,   11 5 12

2 16 12 14 20 16 20 16 18

11 28 21 8 16

O 19 26   5 1 12 2 16 10 5 14 20 26

1 18 8   24 16 21 19 4 10 2 26

P 5 1 12 16 18 10 4 12   6 15

8 6 16 18 12 26

H 6 16 10 26 16 18   21 16 8 16 18

6 18   2 4 26 26 16 12

— — — — —
18 5 15 16 18

E — — — — — — — — — — —
15 9 19 6 18 2 16 18 24 4 18

— — — —
2 4 26 26

— — — — — — — — — — —
5 18 11 16 6 12 1 18 2 16 18

T — — — — — — —
5 8 16 10 26 16 18

— — — — — — — — — — —
15 5 18 14 20 15 5 10 8 6 16

— — — — — — — —
15 16 18 12 14 20 16 18

Hier ist der Schlüssel:

1 = U	8 = D	15 = M	22 = K
2 = G	9 = P	16 = E	23 = X
3 = J	10 = L	17 = Q	24 = V
4 = O	11 = W	18 = N	25 = Y
5 = A	12 = S	19 = F	26 = T
6 = I	13 = Ä	20 = H	27 = Z
7 = B	14 = C	21 = R	28 = Ü

Was tut Jona wohl drei Tage und Nächte im Bauch des Wales? Was denkt er? Wie fühlt er sich? Schreibe in Ich-Form in den Fisch, was Jona sagt oder denkt!

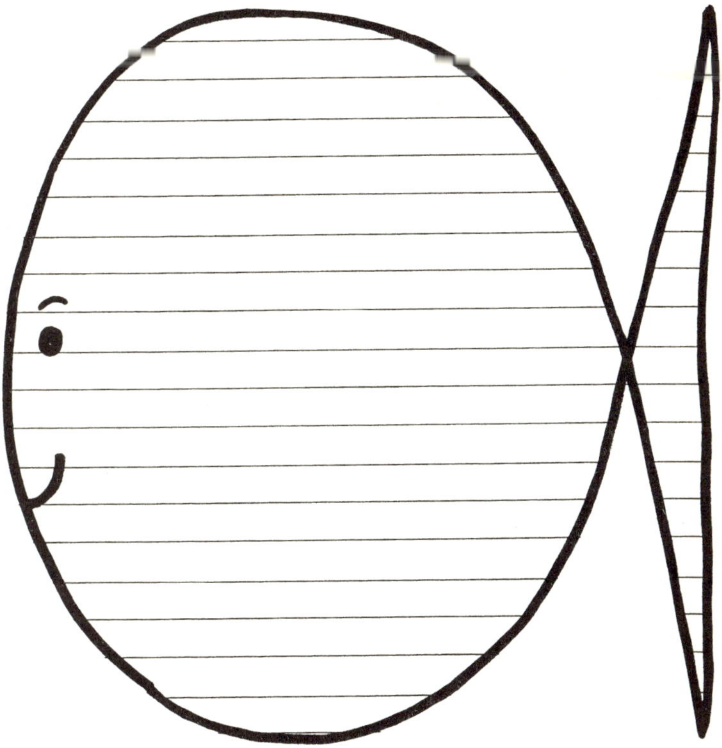

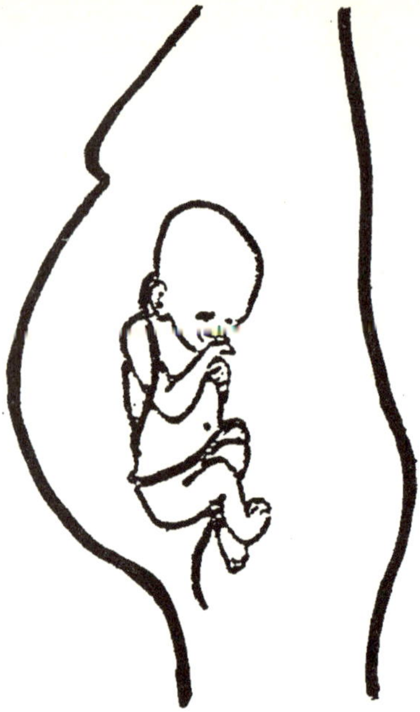

Jona betet zu Gott:
»Herr, mein Gott, ich fiel in die
tosenden Fluten des Meeres.
Ohne deine Hilfe wäre ich ertrunken.
Aber du hast mich gerettet.
Danke, dass du den Fisch geschickt hast,
denn in ihm bin ich sicher.
Danke, dass ich nicht sterben muss,
ohne dich wäre ich im Meer untergegangen.
Danke, dass du mich lieb hast,
dass du mir hilfst, mich beschützt
und mich rettest! Dafür lobe ich dich, mein Gott!
Du bist meine Rettung, und deshalb
gehe ich nun nach Ninive und tue,
was du von mir willst!
Amen.«

10. Immer dem Stern nach

(zur Reise der drei Weisen aus dem Morgenland: Matthäus 2,1-12)

»Es ist jetzt schon die dritte Woche«, stöhnte Kalaschi, »nichts als Staub, Hitze und schwere Lasten!« Das Kamel zog entrüstet die Nüstern hoch. »Andere Kamele schlafen in der Nacht und wir latschen durch die Finsternis«, brummte es. »Und wenn man gerade eine kleine Verschnaufpause einlegt, muss man im nächsten Augenblick schon wieder spurten und laufen und schleppen. Es ist zum Verrücktwerden. Diese ganzen Strapazen nur wegen dieses Dings da oben!« Wütend blinzelte Kalaschi dem Stern entgegen, der langsam verblassend am frühen Morgenhimmel stand. Kalaschi war etwas eitel und nicht nur auf sein Wohl, sondern auch auf sein Aussehen bedacht. Schließlich war er ein Prinz. Er war Kalaschi Ben Iben Schah, der Sohn Raham el Schahs. Sein Vater, Raham el Schah, war unter den Kamelen des östlichen Jordangebietes ein mächtiger Kamelkönig, stolz und erhaben und natürlich von edler Herkunft. Kalaschi hatte etwas Besseres als das hier verdient. Er hasste den Staub, der sein Fell stumpf machte und sich ihm in die Augen setzte. Er mochte auch den Sattel nicht, der sein Fell wund scheuerte, und er hasste den Wüstensand, der seine Hufe versengte.

»Nun reg' dich mal nicht so auf«, ermahnte ihn Arnok, »schließlich geht es uns, im Gegensatz zu manch anderem Kamel, recht gut im Dienste unserer Herren.« Genüsslich riss Arnok ein Grasbüschel aus dem rissigen Boden und kaute es langsam und bedächtig durch, wie es Kamele zu tun pflegen. Doch Kalaschi wollte noch keine Ruhe geben. Er streckte seine Glieder und gähnte laut, so als habe er den ganzen Tag über Schwerstarbeit geleistet.

»Ich möchte bloß mal wissen, wo uns dieser dämliche Stern noch hinführt«, knurrte er mürrisch, wobei er verächtlich die Luft durch die Zähne entweichen ließ.

»Darüber brauchst du dir den Kopf gar nicht zu zerbrechen«, erwiderte Arnok, der immer noch auf seinem Gras kaute, »überlass das nur unseren Herren; sie werden schon wissen, was sie tun und wohin sie gehen!«

»Mir kommt es aber so vor, als wissen sie es eben nicht!«, beharrte Kalaschi. »Sie lenken uns mal hierhin, mal dorthin, gerade so, wie es dem Stern da oben passt. Das ist doch verrückt. Nicht einmal Kamele laufen einem x-beliebigen Stern hinterher, aber unsere Herren tun das. Natürlich, sie wissen genau, was sie tun – nämlich etwas Törichtes, etwas Unvernünftiges, etwas völlig Blödsinniges! Hast du schon einmal irgendwelche anderen Menschen gesehen, die einem Stern hinterherlaufen?« Herausfordernd sah Kalaschi zu seinem Freund hinüber.

»Nein, bislang noch nicht«, erwiderte Arnok lachend, »aber die ersten Kamele – und das sind wir.« Damit drehte er sich um und ging gemächlich den kleinen Hang hinunter zu Charlotte, einer exotischen Kameldame. Kalaschi blieb allein dort oben zurück und grübelte darüber nach, was das alles sollte. Aber er kam zu keinem sinnvollen Schluss, also ließ er es bleiben, schloss seine Augen und träumte von einem gemütlicheren Leben.

Als die nächste Abenddämmerung den Himmel glutrot färbte, kam sein Herr auf Kalaschi zu, um ihm den Sattel aufzulegen. Kalaschi war trotz der hereinbrechenden Nacht hellwach. Wieder sollte es losgehen. Kalaschi konnte das Grübeln nicht lassen. So anstrengend es auch war, langsam machte sich eine unbezähmbare Neugier in ihm breit. Trotz aller Strapazen wollte er endlich wissen, wohin der Stern sie bringen würde.

Ich bin zwar nur ein Kamel, dachte er, trotzdem bin ich gespannt darauf, wo uns der Stern noch hinführt. Dann lief er, etwas mürrisch, aber voller Neugier, den anderen beiden Kamelen hinterher, wobei er ab und zu in den Nachthimmel blinzelte, um den Stern zu beobachten.

Bis zum nächsten Morgen trabten die drei Kamele durch die Wüste, wobei sie an kleineren Ortschaften und fruchtbaren Oasen vorbeikamen, in denen sie aber keine Rast einlegten, um die müden Beine zu strecken. Doch mit den ersten Sonnenstrahlen schritten sie durch das Tor einer riesigen Stadt. Auf einer Straße, so breit wie zehn Elefanten, trabten die Kamele und trugen ihre Herren zu den Pforten der Ställe. Kalaschi reckte stolz den Kopf in die Höhe, denn die Leute auf dem Markt und in den Gassen bestaunten das Gefolge, die prächtigen Gewänder und schönen Stoffe, die reich mit Gold besetzten Sättel und die kostbaren Geschmeide an den Kleidern der drei Herren.

Kalaschi jedoch bezog die neugierigen Blicke und bewundernden Rufe ganz allein auf sich. Es war doch verständlich, dass die Menschen außer Rand und Band gerieten und sich nach ihm umschauten, wenn sie ein so edles Kamel, wie Kalaschi Ben Iben Schah es war, erblickten.

Vor ihnen lag auf einem kleinen Hügel ein prächtiger Palast. Kalaschi konnte es kaum glauben. Sie schritten direkt auf ihn zu! Und dann endlich erreichten sie den großen Innenhof des Palastes, in dem noch andere Kamele standen.

Kalaschi schaute sich verträumt um. Ja, ein Leben am Hofe des Königs konnte er sich auch gut vorstellen. Hier gab es edle Kameldamen, schöne Sättel und Zaumzeuge – ja, das war eines Kamelprinzen würdig. Hier gab es frisches Obst und herrlich klares Wasser, das seinen Gaumen erfrischte. Aber Kalaschi konnte nicht lange darüber nachdenken. Ein Klaps auf sein Hinterteil schreckte ihn aus seinen Gedanken hoch. Er hatte gar nicht gemerkt, dass er sich niederlassen sollte, damit sein Herr absteigen konnte. Arnok grinste ihn an, doch Charlotte schüttelte nur vorwurfsvoll den Kopf. »Ein gutes Kamel hat nur seinem Herrn zu gehorchen und nicht zu denken!«, sagte sie spitz.

Kalaschi wandte sich beleidigt ab und würdigte die edle Kameldame nicht eines Blickes mehr. Was verstand sie denn schon von Dingen höchster Geistigkeit? War er denn hier tatsächlich das einzige Kamel, das sich überall die seltsamen Vorgänge und über diese Reise Gedanken machte?

Kalaschi schlenderte zu den fremden Kamelen hinüber, die am Wassertrog standen. Augenscheinlich waren es Kamele von Boten und Gelehrten, die aus fernen Ländern hierher gekommen waren. Ihr Fell war staubig und ihre Hufe waren rissig.

»Wo kommt ihr denn her?«, fragte Kalaschi und musterte sie neugierig. »Wen habt ihr getragen?«

»Einen mächtigen Priester!«, kam die Antwort von einem der Kamele.

»Einen berühmten Magier«, sagte ein anderes.

»Und ich habe einen Gelehrten getragen, der in alten Schriften bewandert ist«, erwiderte ein drittes.

»Seid ihr auch diesem komischen Stern gefolgt?«, wollte Kalaschi wissen.

»Nein«, brummte eines der fremden Kamele, »aber mein Herr soll dem König erklären, was das für ein Stern ist und was er zu bedeuten hat.«

»Und was hat er zu bedeuten?«, fragte Kalaschi eifrig. Vielleicht konnte er hier der Sache auf die Spur kommen.

»Was weiß ich«, knurrte das fremde Kamel, »ich trage nur meinen Herrn. Alles andere interessiert mich nicht. Und jetzt lass mich in Ruhe!«

Schon wieder wurde Kalaschi einfach stehen gelassen. War das zu fassen? Warum wollten die anderen Kamele nicht wissen, was auf der Welt vor sich ging? Beleidigt und mit ungestilltem Wissensdurst legte Kalaschi sich nieder und versuchte zu schlafen. Er träumte von Sternen, von Sonnen, von einem hellen Licht und von einem Stall, in dem ein neugeborenes Kind lag. Es lächelte Kalaschi an und streckte ihm eine kleine Hand entgegen.

Als Kalaschi erwachte, fühlte er eine merkwürdige Unruhe. Er wollte sofort weiter und dem Stern folgen, denn er wusste plötzlich, dass der Stern ihn zu dem Kind aus seinem Traum bringen würde. Dieses Kind wollte er unbedingt in Wirklichkeit sehen! Als sein

Herr endlich kam und ihm den Sattel auflegte, lief er den anderen voraus, ohne dass er angetrieben werden musste, und folgte dem leuchtenden Stern am dunklen Himmel über ihm.

Viel später in der Nacht hielt Kalaschi als erster der kleinen Gruppe auf einem Berg oberhalb einer kleinen Stadt an, blickte hinunter in die winzigen Gassen und entdeckte schließlich den Stall, von dem er geträumt hatte. Er rannte los, ohne auf die Befehle seines Herrn zu achten, denn er hatte nur ein Ziel: Er wollte das Kind in der Krippe liegen sehen. Ganz außer Atem kam er vor dem Stall zum Stehen. Die drei Herren stiegen ab und betraten ehrfürchtig die karge Behausung. Kalaschi schaute vorsichtig zur Tür herein, und nun endlich erspähte er das Kind, von dem er geträumt hatte. Genau wie in seinem Traum lag es in einer Krippe und lächelte. Tief im Herzen angerührt, starrte Kalaschi auf das Kind und auf seine Herren, die vor ihm knieten und es beschenkten. Und plötzlich war ihm alles klar: Hierher hatte der Stern sie geführt, damit er, Kalaschi Ben Iben Schah, dieses Kind sehen sollte. Seine wunden Füße, sein staubiges Fell und alle anderen Mühen der Reise waren beim Anblick des Kindes gleich vergessen und tiefer Friede erfüllte Kalaschis Herz.

Mit diesem Kind kommt Frieden, dachte Kalaschi, als er einen letzten Blick in die Krippe warf und dann den anderen Kamelen Platz machte. Für diesen einen Moment hatten sich alle Strapazen gelohnt, das verstand sogar ein Kamel wie er.

Arbeitshilfen

a) Verlaufsskizze:

Die Weihnachtsgeschichte ist den meisten Kindern, die schon zur Schule gehen, bekannt. Aber auch vielen jüngeren kann man kaum noch etwas Neues von Maria und Josef und dem Kind in der Krippe erzählen. Neu an dieser Geschichte ist lediglich die Erzählperspektive. Ein völlig genervtes Kamel macht sich Gedanken über die Wanderung durch die Wüste, immer dem Stern nach.

Hör-auftrag: *Versucht beim Zuhören mindestens vier Stationen herauszufinden, die Kalaschi bei seiner Wanderung durchläuft!*

◇ Die Geschichte wird vorgelesen.

◇ Vorschläge für die Stationen werden an der Tafel oder auf einem Plakat gesammelt.

Auftrag: *Malt diese vier Stationen als Bildergeschichte. Es können auch mehr Bilder werden.*

◇ Die Bildergeschichten werden der Gruppe vorgestellt.

Auftrag: *Schreibe eine eigene Geschichte, in der mindestens diese vier Stationen vorkommen. Aus welcher Sicht möchtest du erzählen? Bist du vielleicht der Sattel, ein Floh in Kalaschis Fell, das Zaumzeug oder eines der Geschenke?*

◇ In einer weihnachtlichen Leserunde mit Kerzenschein und vielleicht leiser Musik oder Keksen werden die Kindergeschichten nun zum Besten gegeben.

b) Alternativen:

◇ Mit älteren Kindern kann anstelle der Bildergeschichte auch ein richtiger Comic entstehen. Es ist darauf zu achten, dass die Bilder Platz für die Sprech- oder Denkblasen lassen.

◇ Aus den vier Stationen von Kalaschis Reise kann auch ein »Kalaschi-ärgere-dich-nicht-Spiel« entstehen. Jede Station ist eine Farbenecke, und der Stall ist schließlich das Ziel. Mit Klebepunkten, einem Stück Pappe und Selbstklebe- bzw. Lamenierfolie ist das Spiel schnell fertig. Das Ausgestalten, beispielsweise mit Sternen, Tieren (Schafe, Ochse, Esel, Kamel . . .), Personen (Hirten, die Heiligen Drei Könige, Maria . . .), ist den Kindern überlassen. Auch die Spielfiguren und der Würfel können selbst gebastelt werden (s.u.).

c) *Materialien:*

1. Spielzubehör: Spielfiguren, Würfel, Spielbrett usw.
2. Feste Pappen
3. Selbstklebepunkte
4. Einbindefolie
5. Klebebilder oder farbige Stifte zum Verzieren
6. Bastelsachen: Kleber, Scheren usw.

Beispiele für Spielfiguren

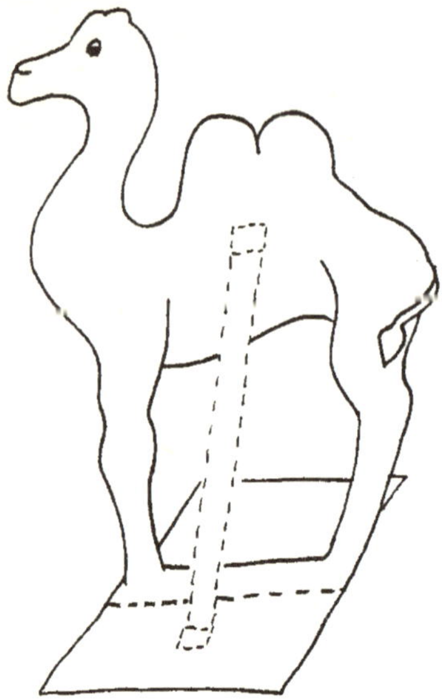

Ein Selbstbau-Würfel zum Falten und Anmalen

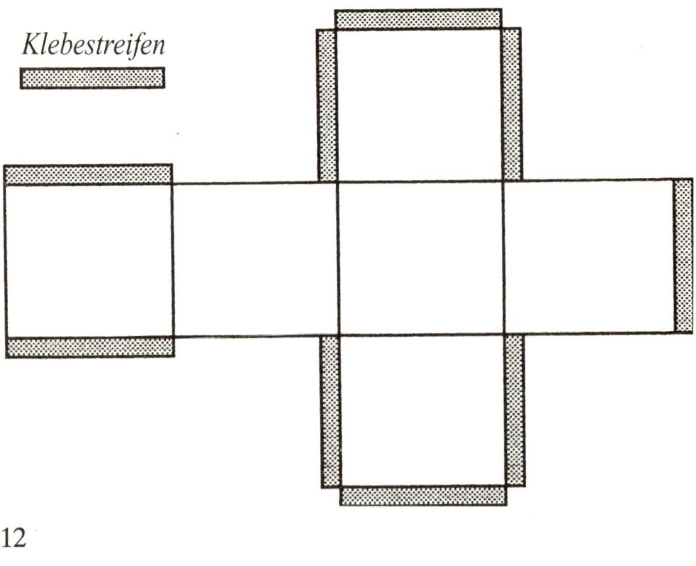

11. Benjamin hat sich verlaufen

(zum Gleichnis vom verlorenen Schaf: Lukas 15,4ff)

Die Sonne versank hinter den Gipfeln der hohen Berge, die das saftige Tal umschlossen. Ihre letzten freundlichen Strahlen wärmten Benjamin, der auf der Wiese lag und die Ruhe des nahen Abends genoss. Benjamin war das älteste Schaf in seiner kleinen Herde, und er wusste viele Geschichten zu erzählen und die Lämmer zu beeindrucken. Fast jeden Abend kamen sie angesprungen, stupsten Benjamin immer wieder in die Seite und baten ihn, eine Geschichte zu erzählen – so auch heute.

»Erzähl uns von dem Hirten, dem nichts zu gefährlich und zu anstrengend war, um dich wieder zu finden«, blökten einige. »Ja, von dem mutigen Mann, der nachts ins Gebirge ging und sich vor nichts fürchtete!«, riefen andere. »Von dem, der dich heimgetragen hat«, drängten alle. Diese Geschichte hörten sie am allerliebsten, denn in ihr ging es um Mut, um Sieg und um einen Hirten, der auf ihre Herde aufgepasst hatte und später zum Helden wurde. Er war eine Berühmtheit in dem kleinen Tal, und alle Schafe hielten ihn hoch in Ehren. Nicht eines von ihnen war ihm unwichtig. Um jedes Einzelne kümmerte er sich, keines ließ er im Stich, jedes war in seinen gütigen Augen etwas wert.

»Lasst mich mal überlegen.« Benjamin kaute auf einem Büschel Gras, während er überlegte. Er sagte immer: »Lasst mich mal überlegen«, wenn er eine Geschichte begann. Die Lämmer hatten es also wieder einmal geschafft, schnell legten sie sich nieder und verhielten sich ruhig. Dann lauschten sie dem alten Benjamin, wie er ihnen von seinem Abenteuer erzählte.

»Er hat nach mir gesucht«, begann das Schaf, »hoch in den Bergen, wo ich mich verirrt hatte . . . Aber lasst mich lieber von Anfang an erzählen.« Benjamin legte den Kopf schief. Er schloss seine

Augen und versetzte sich in eine Zeit zurück, in der er selbst noch ein Lamm gewesen war, klein, verängstigt und verwirrt.

»Blökend stand ich am Hang eines riesigen Felsens und sah auf unsere Herde herunter, die tief unten im Tal graste. Wie winzige weiße Punkte in der Landschaft sahen meine Verwandten aus. Sehnsüchtig blickte ich auf die Herde und das Tal, das meine Heimat war. Ich hatte nur etwas herumstöbern, die Felsen erklimmen und die Gegend auskundschaften wollen. Doch nun war ich in einer Lage, aus der ich allein nie herausgefunden hätte. Ich fand einfach keinen Weg mehr hinunter ins Tal und hatte furchtbare Angst.

›Holt mich doch hier runter‹, rief ich immer wieder kläglich, aber niemand hörte mein Rufen!«

Die Lämmer sahen Benjamin angstvoll an. »Wie bist du von dem Felsen heruntergekommen? Haben deine Eltern sehr geschimpft? Haben sie sich Sorgen gemacht?«, blökten sie alle durcheinander.

»Natürlich haben sie sich Sorgen gemacht«, murmelte Benjamin, »aber ich noch viel mehr, denn ich hatte sie beschwindelt. Ich hatte ihnen gesagt, dass ich zu Onkel Theo gehen würde, was ich aber gar nicht vorhatte.« Das alte Schaf schmunzelte ein wenig. »Ja, ich war in meiner Kindheit und Jugend ein ganz ungehorsames kleines Lamm«, lachte er, »und dumm war ich auch noch. Lasst es euch ja nicht einfallen, allein ins Gebirge zu laufen. Dort oben warten zu viele Gefahren auf euch – Adler, Löwen oder tiefe Spalten, in die ihr rutschen könnt und aus denen euch niemand mehr herausholen kann!«

Als Benjamin die entsetzten Gesichter vor sich sah, schmunzelte er erneut. Diese kleinen Lämmchen würden bestimmt nicht den gleichen Fehler begehen wie er in seiner Jugend. Dann fuhr er in seiner Erzählung fort: »Einige Freunde und ich hatten eine Wette abgeschlossen. Wer es sich traute, ganz allein die Felsen zu erklimmen und von oben dreimal laut herunterzurufen, der sollte der König der Lämmer sein. Nun, ich beschloss, es zu wagen. Unter dem Vorwand, Onkel Theo zu besuchen, schlich ich mich von der Herde unbemerkt fort und erklomm die ersten Felsen. Es war ganz leicht, und ich fühlte mich großartig – wie ein richtiger König eben. Doch das sollte sich bald ändern. Je mehr Steinbrocken ich hinter mir ließ, desto weiter drang ich ins Felslabyrinth ein. Ich hielt meinen Blick immer nur auf die Felsspitze gerichtet, die ich ja erreichen musste. Denn nur wenn ich bis ganz nach oben käme, hätte ich die Wette gewonnen. Die Sonne schien herrlich warm, und ich träumte von einem purpurnen Umhang, von einer Krone und von Dienern, die für mich die besten Kräuter und Wurzeln sammeln würden, die ich dann nur noch zu verzehren bräuchte.«

Benjamin sah die Lämmchen an, die um ihn herum im Gras lagen. Einigen von ihnen konnte man ansehen, dass auch sie so etwas schon mal geträumt hatten. Das alte Schaf räusperte sich.

»Doch schon bald sind mir meine Träume vergangen, und nur noch ein einziger Wunsch war in meinem kleinen Herz: Ich wollte wieder bei meiner Mutter sein – als das kleine Lamm Benjamin, das sich ankuscheln und sich geborgen fühlen durfte. Der Traum vom König war vergessen, denn es wurde Abend. Tiefe Schatten schlichen auf mich zu. Felsen wurden in der Dunkelheit zu schrecklichen Ungeheuern, knorrige Sträucher zu furchtbaren Riesenhänden, die mich packen wollten. Ganz allein stand ich da oben und fror jämmerlich, denn mit dem Abend kam auch die Kälte. Ich vermisste meine Mutter, mit der ich abends immer schmuste, auch meine Geschwister und meine Tanten. Alles, was ich mir wünschte, war, wieder bei ihnen zu sein.

In der Zwischenzeit musste meine Mutter meine Abwesenheit bemerkt haben, sie rief immerzu nach mir. Aus weiter Ferne hörte ich ihre ängstliche Stimme. Ja, und dadurch ist unser Hirte darauf aufmerksam geworden, dass ich fehlte. Aber das wusste ich alles gar nicht. Ich fühlte mich nur von allen verlassen und war furchtbar einsam. Welcher Hirte würde schon 99 wertvolle Schafe unbewacht im Tal lassen, um nach einem einzigen, ganz kleinen zu suchen? Keiner, war meine Antwort. Keiner würde kommen, um mich zu holen, ich musste mich allein auf den Weg machen. Fest entschlossen nicht aufzugeben drehte ich mich um und kletterte zwischen Felsen und losem Geröll herum. Aber die Nacht war so dunkel, so kalt und so unheimlich. Außerdem war ich zu erschöpft, um noch einen Weg zu suchen. Ich kauerte mich also in eine rauhe Felsennische und presste mich ans harte Gestein.«

Benjamin streckte seine Beine von sich und drehte sich auf die andere Seite. Seine alten Knochen taten ihm manchmal weh.

»Wo war ich stehen geblieben?«, fragte er.

»Bei der schrecklichen und unheimlichen Nacht«, flüsterten die Lämmer, die mit ihm die Seite gewechselt hatten. Benjamin erzählte so anschaulich und eindringlich, dass sie sich alle so fühlten, als wären sie ebenfalls allein dort oben im Berg, wo es kalt und unheimlich war.

»Ja«, fuhr das alte Schaf fort, »die Nacht war schauderhaft. Von überall her kamen unheimliche Laute, wilde Tiere brüllten. Die Schatten schienen lebendig zu werden, der Wind brachte trockene Äste zum Knacken, und meine Zähne klapperten wie hundert Pferdehufe auf hartem Stein. Ich hörte einen Berglöwen, der in die Nacht brüllte. Sein Schatten schlich um die Felsen, und ich drückte mich noch enger an die kalte Steinwand. Wie konnte ich nur so dumm gewesen sein und auf diese Wette eingehen? Jetzt war ich allein, meine Freunde waren in Sicherheit bei ihren Familien. Nie wieder wollte ich König sein, nie wieder wollte ich meine Herde verlassen. Tränen liefen mir über mein kleines Gesichtchen, Angst schnürte mir die Kehle zu, doch ich durfte keinen Ton von mir geben, denn mein Schluchzen hätte nur ein Raubtier angelockt.«

Das alte Schaf blickte versonnen auf die Gipfel des Gebirges, das in der Abendsonne so prächtig aussah.

»Als es endlich wieder Tag wurde«, begann Benjamin erneut, »machte ich mich sofort auf den Rückweg. Ich lief um die Gesteinsbrocken herum, die mir am Vorabend Schutz geboten hatten, um das Tal zu sehen. Ich war schon ganz glücklich und voller Zuversicht, denn der Abstieg würde lange nicht so gefährlich sein wie der Aufstieg, wenn ich die letzten Felsen umrundet hatte.« Benjamin machte eine Pause, bis die Lämmer fast vor Ungeduld platzten.

»Erzähl schon, Benjamin!«, riefen sie wie aus einem Mund, »hast du das Tal gesehen?«

Benjamin kaute genüsslich auf einem neuen Grasbüschel und schüttelte dann langsam den Kopf. »Nein«, gab er zu, »das Tal war weg! Nichts außer Felsen, Felsen und nochmals Felsen. So weit ich auch lief, so hoch oder tief ich auch kletterte, von dem Tal war keine Spur mehr zu finden. Ich hatte mich verlaufen!«

Die Jüngsten unter den Lämmern zitterten ein wenig bei dem Gedanken, dort oben ganz allein zu sein und zu wissen, dass man nie mehr nach Hause zurückkehren konnte.

»Den ganzen Tag lang suchte ich nach einem Weg, suchte ich nach dem Tal, nach meiner Familie«, erzählte das alte Schaf. »Aber als es schließlich erneut Abend wurde, gab ich es auf. Niedergeschlagen schlich ich mich zu einem hohen Felsen, der von der Sonne noch warm war, und presste mich dagegen. Ich weinte und weinte, bis es tiefe Nacht war. Doch dann plötzlich schreckte mich ein Geräusch auf!«

Benjamin senkte seine Stimme zu einem unheimlichen Flüstern. »Ein Kratzen und Scharren war zu hören, ganz in meiner Nähe. Es kann nur ein gefährliches, wildes Tier sein, dachte ich und kam vor Angst fast um. Ich konnte nichts erkennen, es war so dunkel, nicht einmal der Mond schien. Zum ersten Mal war ich froh, noch nicht erwachsen zu sein und das schöne weiße Fell meiner Eltern zu haben. So dunkel, wie ich war, würde mich das Tier vielleicht gar nicht entdecken. – Doch dann«, sagte Benjamin auf einmal so laut, dass die Lämmer vor Schreck zusammenzuckten und sich aneinander pressten, »doch dann kam der Schatten näher. Ein großer, unheimlicher Schatten, der mich verschlingen wollte. In meiner Angst schrie ich laut auf und wollte weglaufen. Ich sprang auf meine dünnen Beinchen und rannte, was ich konnte, aber im nächsten Moment hatte es mich gepackt!«

Die Lämmer blickten mit weit aufgerissenen Augen zu Benjamin, der so spannend erzählte, dass ihre Herzen anfingen wild zu pochen.

»Ich dachte schon, dass mich das wilde Tier erwischt hätte, denn zwei kräftige Klauen hielten mich umschlungen«, sagte Benjamin jetzt etwas ruhiger, »als ich plötzlich eine Stimme vernahm, die meinen Namen rief und beruhigend auf mich einredete. Mein Hirte war gekommen und hatte mich gefunden. Er war es, der mich in seinen Händen hielt und mich nun an sich drückte!« Erleichtert atmeten die Lämmchen auf und sahen Benjamin ehrfurchtsvoll an. Er war nicht nur ein altes, weises Schaf, das schöne und spannende Geschichten erzählen konnte, er war auch ihr Held, weil er als Lämmchen so tapfer zwei Tage ganz allein im Gebirge verbracht hatte.

»Ja«, schloss Benjamin nun seine Erzählung, »auf diese Weise bin ich also wieder heimgekehrt – in den Armen meines Hirten, der mich für so wichtig hielt, dass er nachts nach mir suchte und alle anderen Schafe unbewacht im Tal zurückließ. Ein Fest hat er gefeiert mit seinen Freunden, denn er hat sich so gefreut, mich wieder gefunden zu haben. Und meine Mutter hat nicht einmal mit mir geschimpft, denn auch sie war froh, dass ich wieder zu Hause war. Aber am allermeisten hat sich einer gefreut – und das war ich selbst!«

Benjamin schaute noch einmal durch die Runde der jungen Lämmer. »Nun lauft schnell zu euren Familien. Es ist spät geworden.«

Die Lämmer erhoben sich und sprangen davon. Benjamin blickte ihnen nach, bis auch das Letzte sicher bei seiner Familie angelangt war, dann legte er den Kopf auf seine Beine und schlief bald darauf ein. In dieser Nacht träumte er davon, ein König zu sein.

Arbeitshilfen

a) Verlaufsskizze:

Das Gleichnis vom verlorenen Schaf muss den Kindern nicht unbedingt geläufig sein. Alles, was die Kinder an Informationen brauchen, taucht in der Erzählung des alten Schafes Benjamin auf.

◇ Je nach Anzahl der Kinder wird das skizzierte Schaf mehrfach kopiert und (bevor die Kinder kommen) im Raum versteckt.
◇ Die Kinder erhalten den Auftrag, das Schaf zu suchen.
◇ Dann wird das Schaf auf ein DIN-A4-Blatt geklebt.

Hör-auftrag: *Findet heraus, wovor das Schaf Angst hat!*

◇ Die Geschichte wird vorgelesen.
◇ Beim Vorlesen wird an der Stelle unterbrochen, an der schon einige »Angstmacher« genannt worden sind.
◇ An der Tafel oder auf einer großen Pappe steht: Wovor hat Benjamin Angst?
◇ Die Kinder benennen die »Angstmacher« (Löwe oder andere Raubtiere, Adler, Dunkelheit, dunkle Schatten, die zu Ungeheuern werden, Unwetter, Einsamkeit, Verlorenheit usw.).
◇ Die Kinder schreiben die Überschrift auf ihr DIN-A4-Blatt, auf dem das Schaf bereits klebt.

Mal-auftrag: *Die Kinder sollen nun, während die Geschichte weitergelesen wird, diese Dinge um das Schaf herum malen.*

◇ Der Malauftrag kann auch am Ende der Geschichte gestellt werden oder bei älteren Kindern (ab Klasse 5) sogar am Anfang. Sie haben dann gleichzeitig die Aufgabe, die »Angstmacher« allein herauszufinden, ohne dass darüber im Plenum gesprochen wird.
◇ Es folgt ein Gespräch über das Gemalte, evtl. verknüpft mit einem Gespräch über eigene Ängste.

◇ Die Lehrkraft bringt die »Angstmacher« auf Tonpapier mit (Löwenkopf, Adler, Unwetter usw.).
◇ Ein großes Pappschaf hängt in der Mitte der Tafel oder am Plakat.
◇ Die »Angstmacher« stehen davor.
◇ Die Kinder nennen die »Angstmacher« und kleben sie um das Schaf herum an die Tafel, dadurch wird ihnen die Geschichte noch einmal in Erinnerung gerufen.
◇ »Der gute Hirte« von Pankok oder auch eine eigene Zeichnung des Hirten wird auf den Overheadprojektor gelegt: Warum hat das Schaf nun keine Angst mehr? Aspekte der Sicherheit, der Geborgenheit usw. werden von den Kindern genannt. Psalm 23,1-4 wird dazu gelesen.
◇ Die Kinder erhalten ein Bild des guten Hirten und schreiben die Psalmverse darunter.

b) Alternativen:

◇ Die Hände des Hirten bleiben leer (das Schaf wurde herausgeschnitten).
◇ Nun wird der Hirte direkt an die Tafel projiziert - er umschließt nun das Schaf.
(Tipp: unbedingt vorher ausprobieren, da die Größenverhältnisse des Schafes und des Hirten sowie die Entfernung des OHP von der Tafel oder dem Plakat abgestimmt werden müssen.)
◇ Was könnte der Hirte zu seinem Schaf sagen?

Auftrag: *Schreibe eine Sprechblase für den Hirten!*

◇ Die Sprechblasen werden an das Plakat oder die Tafel geklebt.
◇ Was denkt oder wie fühlt sich das Schaf wohl jetzt?

Auftrag: *Schreibe eine Gedankenblase für das Schaf! Stimmt die Überschrift jetzt noch?*

◇ Die Gedankenblasen werden aufgeklebt und die Überschrift wird geändert.

◇ Der Hirte (nur das Oberteil) wird großkopiert, am besten auf DIN-A3-Format. Die Hände bleiben leer.
◇ Jedes Kind erhält einen Hirten.

Auftrag: *Malt euch selbst, jemand anderen oder etwas anderes, das der Hirte in seinen Händen halten und schützen soll!*

◇ Es folgt ein kurzes Gespräch über die Bilder im Hinblick auf das Erleben von Angst und Geborgenheit.

c) *Materialien:*

1. Sprech- oder Denkblasen
2. Das Schaf und seine Ängste zum Großkopieren
3. »Der Gute Hirte« von Otto Pankok
4. Psalm 23,1-4

Sprech- oder Denkblasen (Muster)

Das Schaf und seine Ängste (zum Großkopieren, Übertragen auf Tonpapier und Ausschneiden)

»Der Gute Hirte« von Otto Pankok

aus: Entdeckungen machen 1 - Grundausgabe, Cornelsen Verlag, Schwann-Girardet, Düsseldorf, 1. Auflage 1992.

Psalm 23,1-4 (Übersetzung: »Hoffnung für alle«)

Der Herr ist mein Hirte. Nichts wird mir fehlen.
Er weidet mich auf saftigen Wiesen
und führt mich zu frischen Quellen.
Er gibt mir neue Kraft.
Er leitet mich auf sicheren Wegen,
weil er der gute Hirte ist.
Und geht es auch durch dunkle Täler,
fürchte ich mich nicht.

12. Unruhe im Maulbeerbaum

(zur Zachäus-Geschichte: Lukas 19,1-10)

»Das ist ja nicht mehr zum Aushalten!«, schimpfte Marla. »Was ist das nur für ein grässlicher Lärm? Wie soll man denn da in Ruhe seine Eier ausbrüten, hä?«

Nico, der kleine Spatz, plusterte sein Gefieder auf und zuckte mit den Schultern. »Ich weiß auch nicht, was die Menschen schon wieder haben«, antwortete er seiner Gattin, »aber wenn es dich beruhigt, dann fliege ich los und sehe nach.« Nico hüpfte auf seinen kleinen Spatzenfüßchen flink von einem Ast zum anderen und erhob sich dann in die Lüfte. Sein kleiner Körper war im strahlenden Blau des Himmels hoch oben zu erkennen, und sein Ruf erreichte Marla unten im Nest des riesigen Maulbeerbaumes, in dem sie ihre Nachkommen ausbrütete.

»Viele Menschen kommen auf uns zu«, tschilpte Nico aus der Höhe, »und voran geht einer, der scheint etwas ganz Besonderes zu sein.« Atemlos kam der kleine Spatz in seinem Nest an. »Alle folgen ihm, umringen ihn und hören aufmerksam zu, wenn er etwas sagt.«

»Was wollen die Menschen nur ständig auf den Straßen?«, fragte Marla. »Seit einiger Zeit schon laufen sie diesem Mann hinterher, als wenn sie sonst nichts zu tun hätten. Irgendetwas scheint sie ja sehr an ihm zu interessieren. Tante Effie sagte, er würde andere Menschen heilen, sogar einen Toten hätte er ins Leben zurückgerufen. Jesus soll er heißen. Nun ja, ein Allerweltsname. Und wer glaubt schon an so etwas wie Wunder?«

Aber auch die kleine Spätzin war neugierig und konnte sich einen Blick hinunter auf die staubige Straße nicht verkneifen. Und wirklich, durch die Blätter des Baumes erkannte sie hunderte von Menschenköpfen, die sich dicht gedrängt am Baumstamm entlang bewegten. Auch einen kurzen Blick auf diesen Jesus konnte sie erhaschen und ihr Ärger verflog im Nu. Sie fühlte ein seltsames

Glücksgefühl in ihrem kleinen Vogelkörper aufsteigen. Alle Sorgen und aller Ärger waren wie weggeblasen. Nico sah sie erstaunt an, denn sie schien am helllichten Tage zu träumen.

»Was kümmert's uns«, meinte er schließlich. »Hauptsache, die Menschen lassen uns in Frieden, damit wir in Ruhe unsere Jungen großziehen können.« Der kleine Spatz hatte den Satz noch nicht ganz zu Ende gesprochen, als plötzlich die untersten Zweige des Maulbeerbaumes auseinander gebogen wurden. Schon umklammerten zwei Hände den dicken Ast, auf dem das Nest der Vögel saß. Es begann bedrohlich zu schwanken.

»Tu doch irgendetwas«, piepste Marla aufgeregt, »mir fallen ja die Eier aus dem Nest!« Doch was sollte ein kleiner Spatz gegen einen riesigen Menschen unternehmen, der sich wie selbstverständlich auf seinem Baum breit machte? Nico und Marla konnten nichts anderes tun als abzuwarten und zu hoffen, dass ihrem Nachwuchs nichts zustieß.

»Ich kenne den Menschen«, trällerte Nico, »es ist der Zöllner Zachäus. Erinnerst du dich, Marla? Bei ihm ist immer reichlich Brot und Korn zu holen. Er ist sehr reich, sagen die Leute, und zwar nur, weil er ihnen zu viel Zoll abknöpft – viel zu viel! Er ist ein Betrüger und nicht gerade beliebt. Aber sein Brot ist immer lecker!«

»Was will er auf unserem Baum?«, fragte Marla. »Menschen klettern nicht auf Bäume. Mit seinen hektischen Bewegungen und seinem Übergewicht bricht er noch den Ast ab. Außerdem versteht man ja sein eigenes Wort nicht mehr bei diesem Lärm.« Entrüstet blickte Marla auf die Menschenmasse, die sich nun direkt unter dem Maulbeerbaum versammelt hatte und wild hin und her diskutierte. Der Mann, der ihr vorangegangen war und den sie Jesus nannten, hob plötzlich seine Hand zum Baum herauf, so dass Marla das Herz stockte. Wollte er etwa ihre Eier stehlen? Das wurde sie nicht zulassen. Er sollte nur kommen, dann würde er erfahren, wie hart und spitz ein Vogelschnabel sein konnte!

Doch der Mann griff nicht nach ihrem Nest, sondern winkte Zachäus zu sich.

»Komm, mein Freund«, sprach er, »komm schnell herunter! Ich will mit dir nach Hause gehen und heute Abend dein Gast sein.«

Marla fiel ein Stein vom Herzen. »Es muss doch etwas Besonderes dran sein an Jesus«, dachte sie. Offenbar mag er Spatzen so, dass er Zachäus von mir und meinen Kindern fern hält. Und ich dachte, er wollte meine Eier stehlen! Erleichtert lachte Marla vor sich hin.

»Ich will sehen, was dieser Mann mit Zachäus vorhat«, rief sie Nico zu. »Pass du solange auf das Nest auf! Ich bin bald zurück!«

Behende schwang sich die kleine Spatzenfrau in die Luft, umkreiste die Köpfe der umstehenden Menschen und flog direkt auf das Haus des Zöllners zu, wo sie so oft Brotkrumen von der Fensterbank gepickt hatte. Vorsichtig ließ sie sich vor dem offenen Fenster nieder und reckte ihr kleines Köpfchen, um nichts zu verpassen.

Jesus saß an einem mit reichlich Obst, Brot und Wein gedeckten Tisch und aß, trank und redete mit dem Zöllner. Die Menschen, die draußen vor dem Haus geblieben waren, murrten. Es scheint ihnen nicht zu passen, dass Jesus mit Zachäus isst, dachte Marla. Die mürrischen Stimmen der Menschen wurden lauter. Vereinzelt schnappte Marla Sätze auf. »Wer setzt sich denn auch mit einem Betrüger an einen Tisch«, sagten einige. »Wie kann Jesus es wagen, mit einem Sünder, wie Zachäus es ist, in einem Haus, an einem Tisch zu sitzen«, empörten sich andere.

Aber Jesus machte das anscheinend nicht das Geringste aus. Er hatte Zachäus im Maulbeerbaum gefunden und freute sich, bei ihm zu sein.

Und Zachäus, was tat der? Marla traute ihren Ohren kaum, und den Menschen, die draußen standen, ging es genauso. Jesus brauchte gar nichts zu sagen, denn Zachäus war so glücklich, dass er von ganz allein ein Versprechen ablegte: Die Hälfte seines Vermögens wollte er den Armen schenken, und allen Menschen, denen er Unrecht getan hatte, wollte er es vierfach wieder gutmachen.

»Und was ist mit mir?«, tschilpte Marla.

Als hätte Jesus sie gehört, brach er ein Stückchen Brot ab und warf es ihr zu.

»Danke«, rief Marla glücklich, »du bist nicht nur zu den Menschen gut.« Sie schnappte sich das Brot, das süß und herrlich duftete, und verschwand damit überglücklich im Blätterdach ihres Baumes, um mit Nico ein Festmahl zu halten.

Arbeitshilfen

a) Verlaufsskizze:

Für diese Geschichte ist ein Vorwissen über Zachäus nicht notwendig. Die Kinder sollten lediglich wissen, wer Jesus ist. Nützlich wäre es auch, wenn den Kindern die Haltung der Pharisäer wenigstens ansatzweise bekannt wäre.

Hörauftrag: *Wen beobachten die beiden Spatzen von ihrem Baum aus? Was passiert?*

◇ Die Geschichte wird vorgelesen.
◇ Über die Geschichte wird gesprochen.

Auftrag: *Wenn kein Baum dagewesen wäre – worauf hätte Zachäus noch klettern können, um Jesus besser zu sehen? Malt ein Bild dazu!*

◇ Nicht nur Zachäus hält Ausschau nach Jesus, sondern Jesus hält auch Ausschau nach Zachäus und nach uns Menschen heute. Selbst wenn wir uns verstecken – er findet uns immer, er weiß, wo wir sind (Vers 10).

Auftrag: *Stellt euch vor, Zachäus hätte sich vor Jesus verstecken wollen. Wo hätte er das wohl getan? – Malt ein Bild!*

◇ Die Bilder werden betrachtet. Warum ärgern sich die Menschen und sind empört darüber, dass Jesus bei Zachäus zum Essen einkehren will? Wissen über die Pharisäer, Zöllner und Schriftgelehrten kann wiederholt oder als Lehrerinformation vermittelt werden.

◇ Zachäus bereut, dass er Menschen betrogen und ihnen zu viel Geld abgenommen hat. Er will alles wieder gutmachen.

Auftrag: *Denkt eine Weile darüber nach, ob es heute noch ähnliche Situationen gibt!*

◇ Ein Gespräch schließt sich an.
Mit Kindern, die man schon länger kennt, kann man die Aufgabe auch persönlicher gestalten, z.B. so:

Auftrag: *Denkt eine Weile darüber nach, ob es Dinge in eurem Leben gibt, die ihr auch wieder gutmachen wollt!*

◇ »Wir wollen etwas wieder gutmachen« wird zum Thema des Gesprächskreises. In einem vertrauten Kreis kann das sehr fruchtbar sein. In einer größeren Klasse können diese Dinge auch anonym aufgeschrieben werden. Ich habe einen alten Jutebeutel zu unserem verschwiegenen Kummer- und Aussprechbeutel erklärt, in dem solche Dinge gesammelt und in einem Gesprächskreis herausgezogen und anonym verlesen werden. Inhalt und Aussage der Zettel dienen dann zur Diskussion, ohne dass dabei ein Kind verletzt wird.
Wenn man etwas wieder gutmachen will, will man Frieden mit jemanden schließen, vielleicht sogar Freundschaften. Es wäre nun möglich, über Frieden in unserem Leben nachzudenken, z.B.:

Auftrag: *Überlegt, welche Symbole für Frieden und Freundschaft stehen! Malt sie auf, schneidet sie aus! Wenn ihr wollt, könnt ihr sie anschließend an eine Person verschenken, bei der ihr etwas wieder gutmachen wollt.*

- ◇ Solche Symbole können sein: Taube, Hände, Herz, Sonne, Blumenstrauß, aber auch spezielle, konkrete Dinge.
  Ein Mädchen malte eine blaue Vase, schnitt sie aus und steckte sie in einen Umschlag. Dazu legte sie einen Brief an ihre Oma, indem sie erklärte, dass sie für das Zerbrechen einer Vase verantwortlich war und nicht ihr jüngerer Bruder. Er hatte aber den Ärger einstecken müssen. Nun wollte das Mädchen das Unrecht wieder gutmachen, indem sie der Oma anbot, ihr im Garten zu helfen. Ich fragte sie, ob sie nicht an ihrem Bruder auch etwas gutzumachen habe. Sie überlegte kurz, ging an ihren Tisch zurück und zeigte mir am Ende der Stunde erneut den Brief. Sie hatte ein Blatt mit einem gemalten Eis dazugelegt.
- ◇ Anstatt des Briefes können die Kinder aus weißem Tonpapier auch Postkarten herstellen.
- ◇ Wenn die Kinder der Gruppe sich gut kennen, kann jeder sein Symbol vorstellen und der Gruppe erklären, was er sich dabei gedacht hat.
- ◇ Nach einiger Zeit (es sollte nicht mehr als eine Woche vergehen) kann man die Kinder noch einmal fragen, wie es ihnen beim Wiedergutmachen ergangen ist. Es ist interessant zu hören, wie Kinder sich fühlen, die erfahren konnten, wie es ist, wenn ihnen verziehen wird.

b) Alternativen:

- ◇ Der Schwerpunkt bei dieser Geschichte über Zachäus kann auch auf der Seite Jesu liegen: Jesus verzeiht dem Zöllner seine Sünden, d.h. auch wir sollen anderen verzeihen.

Auftrag: *Was empfindet Zachäus wohl, als Jesus bei ihm einkehren will?*

◇ Dass Gott Zachäus verzeiht, lässt ihn gute Taten tun. Er ist befreit von seiner Schuld und somit wieder frei, Gutes zu tun. An dieser Stelle kann über die Gnade Gottes gesprochen werden. Selbst wo Menschen aufhören zu verzeihen, vergibt Gott noch immer. Vielleicht finden die Kinder selbst Beispiele, entweder aus ihrem eigenen Leben oder aus der Bibel, dafür, dass Gott nicht richtet, sondern gnädig ist. (Die Ehebrecherin, die Frau aus Syrophönizien; »Herr, vergib ihnen, denn sie wissen nicht, was sie tun!«)

Auftrag: *Gibt es Menschen, die dir weh getan, dich belogen oder dich reingelegt haben? Denke einen Augenblick darüber nach.*

◇ Über die Erfahrungen kann nun im Plenum gesprochen werden. In Gesprächskreisen bietet es sich an, einen »Redestein« einzuführen. Nur das Kind, das den Stein gerade in der Hand hat, darf sprechen, die anderen sollten sich im Zuhören üben.
◇ Gibt es Möglichkeiten, diesen Menschen zu verzeihen, so wie es Jesus bei Zachäus tat?
◇ Wie kann ich diesen Menschen zeigen, dass ich ihnen nicht mehr böse bin?
◇ An dieser Stelle kann wieder mit den Symbolen für Frieden und Freundschaft gearbeitet werden.

◇ Mit einer Klasse, die sehr gerne malte und zeichnete, habe ich zu der Zachäusgeschichte ein Bilderbuch hergestellt. Dabei gibt es mehrere Aufteilungsmöglichkeiten. Zwei davon möchte ich kurz aufzeigen:

1. Jedes Kind sucht sich vier bis sechs Szenen aus der Geschichte heraus, die es gerne malen möchte. Jedes Bild wird auf

eine DIN-A5-Seite gemalt. Am unteren Rand bleibt etwas Platz für die Seitenzahlen und einen erklärenden Satz zum Dargestellten. Wenn alle Bilder fertig sind, wird ein Titelblatt entworfen. Manche Kinder haben sogar ein Inhaltsverzeichnis erstellt. Zum Schluss werden die Blätter zu einem richtigen kleinen Buch zusammengeheftet (dabei hat es sich bewährt, dickeres Zeichenpapier als das herkömmliche zu benutzen, am allerbesten ist weißes Tonpapier). Die Kinder konnten so anderen die Geschichte erzählen, das Büchlein verschenken oder es selbst als Andenken behalten.

2. In einer anderen Klasse ergab es sich mehr zufällig als gewollt, dass die Kinder sich in Gruppen zusammenfanden. Innerhalb dieser Gruppen wurde nun besprochen, wer welches Bild herstellte, wer das Deckblatt machte und wer sich die Texte ausdachte. Am Ende hatte jede Gruppe von ca. 5 Kindern ein Gruppen-Zachäus-Bilderbuch, das dann dem Plenum vorgestellt wurde. Dabei wurden Aspekte wie »Ich verzeihe jemandem und mir wird verziehen« thematisiert.

c) Materialien:

1. Malsachen (Buntstifte, Filzstifte, Wachsmalstifte, Tusche, Blätter, Tonpapier . . .)
2. Scheren
3. evtl. Briefumschläge zum Verschicken von Symbolen und Friedensbotschaften
4. weißes Tonpapier zum Anmalen, Basteln oder Karten herstellen
5. Heftstreifen zum Zusammenheften oder Klebeband zum Binden.

13. Herr von Knabberstein wundert sich

(zur Fußwaschung: Johannes 13,1-17)

»Es ist angerichtet«, teilte Juppi, der Diener, seinem Herrn mit. Eine lange hölzerne Tafel mit den feinsten Speisen prangte im festlich geschmückten Ballsaal. Das Mauseloch des Herrn von Knabberstein war das größte und prächtigste im ganzen weiten Orient, und Juppi war sichtlich stolz, einem so vornehmen und adeligen Mäuserich, wie sein Herr es war, zu dienen. Bald sollten die Gäste kommen, denn Herr von Knabberstein hatte zum großen Mahl geladen, zu welchem sich alle Mäuse des Landes einmal jährlich versammelten. Selbst die Diener der Herrschaften durften mitfeiern und von den erlesenen Speisen kosten.

»Es sieht ganz prächtig aus, Juppi«, lobte Herr von Knabberstein seinen treuen Diener, »ganz *wunderbar!*«, sagte er, wobei er jeden Buchstaben einzeln betonte.

Juppi stieg eine feine Röte ins Gesicht, er hatte sich auch alle Mühe der Welt gegeben, damit die Festtafel so prächtig aussah, wie sie es tat.

»Richte deine Schleife, mein Guter!«, forderte ihn Herr von Knabberstein auf, der nicht zu viel Lob auf einmal verteilen wollte, »und poliere noch ein letztes Mal die Gläser. Dann mögen unsere Gäste kommen!«

Juppi rückte seine Fliege zurecht und stob sogleich von dannen, um ein Poliertuch zu holen.

Der alte Mäuserich blickte ihm nach.

»Wie eifrig und freudig mir Juppi dient«, dachte er, »was wäre ich nur ohne ihn?!«

Herr von Knabberstein schlenderte gemächlich über den mit rotem Samt bedeckten Saalboden bis zu einer elfenbeinernen Treppe, die direkt zum Balkon hinaufführte. Langsam setzte er einen Fuß vor den anderen, stützte sich dabei auf einen soliden, goldverzierten Handstock und öffnete schließlich eine gläserne Flügeltür, die ihm den Weg nach draußen wies. Tief sog er die frische Nachtluft in sich auf. Der Staub und die Hitze des Tages hatten sich gelegt, die Luft war jetzt angenehm kühl und belebend. Ruhe lag über der Wüste vor der Stadt, und nur vereinzelt hörte man einen Esel schreien.

Herr von Knabberstein genoss die abendliche Stille, reckte seine müden Knochen etwas und wischte sich ein Sandkorn von der feinen Mäuseweste. Er blickte zu den Sternen hinauf. Es wurde Zeit, dass er sich in den Armsessel im großen Saal setzte, um die Gäste zu begrüßen, als er unter sich plötzlich ein lautes Stimmengewirr vernahm. Ganz aufgeregt klangen die Stimmen zu ihm empor. Was war das nur für ein Spektakel so spät am Abend? Was sollte der Krach? Gehörte sich denn so etwas?

»Was zum Donnerwetter noch mal ...«, zischte der alte Mäuserich, der sich empört in seiner Ruhe gestört fühlte. Ärgerlich drehte er sich um, zog die Glastür hinter sich zu, wobei er fast seinen langen, dünnen Schwanz eingeklemmt hätte, und hüpfte behende die Stufen zum großen Saal hinab.

Auch Juppi schien das Geschrei von Nebenan gehört zu haben, denn er hatte seine Arbeit unterbrochen und lauschte auf den regen Wortwechsel, der nun gedämpft durch die dünnen Wände drang.

»Lass uns nachsehen, worüber sich die Menschen dieses Mal streiten«, sagte Herr von Knabberstein, der Juppi die Neugier von der Nasenspitze ablesen konnte.

Flink legte Juppi das Poliertuch beiseite und folgte seinem Herrn in gemessenem Abstand zum Guck- und Lauschloch, wie er es nannte.

»Da drüben scheint es ja wieder heiß herzugehen«, bemerkte er, »vielleicht feiern die Menschen auch ein Fest!«

»Das glaub ich nicht«, erwiderte sein Herr, »erstens würden sie dann fröhlicher klingen, lachen, tanzen oder musizieren, und zweitens hätten wir dann mindestens vorgestern schon die Speisen und Getränke für diese Festlichkeit auf unserem Speiseplan haben müssen. Nein, das da drüben hört sich eher wie ein Streit an.«

Herr von Knabberstein hatte das Guckloch erreicht und drückte nun sein spitzes, feines Schnäuzchen an die Holzwand, um besser hindurchsehen zu können.

Eine ganze Weile sagte er gar nichts, doch dann presste er die Luft in einem langen, hohen Pfeifton durch die Zähne.

»Das ist nicht möglich«, flüsterte er schließlich erstaunt, »du wirst es nicht glauben.«

Verwirrt trat der Mäuserich vom Guckloch zurück, nahm sein Monokel ab und putzte es, bis es glänzte. Währenddessen warf auch Juppi einen Blick durch die Öffnung in der Wand.

»Aber, aber . . .«, stammelte er nach einer Weile, »das geht doch nicht. Ja, ist denn das zu fassen? ER wäscht tatsächlich seinen Dienern die Füße!« Erstaunt und noch viel verwirrter als sein Herr taumelte Juppi vom Guckloch zurück und fasste sich mit der Pfote an den grauen Kopf. Der Mäusediener sah ziemlich unglücklich aus und machte ein Gesicht, als würde er die Welt nicht mehr verstehen.

»Lass mich noch einmal schauen«, sagte Herr von Knabberstein fast barsch zu seinem Diener und schob ihn zur Seite. Erneut presste er seine spitze Mauseschnauze an die Wand und lugte vorsichtig in den anderen Raum hinüber. Angestrengt versuchte er dem Gespräch zu lauschen, das nun dem Streit von vorhin folgte. Jetzt verstand der alte Mäuserich auch, warum sich die Menschen gestritten hatten. Es lag klar auf der Hand, denn was er dort in dem anderen Raum sah, geschah wirklich nicht alle Tage und brachte die Welt, auch wenn es nur die kleine Welt einer Maus war, doch ziemlich durcheinander.

Jesus, von dem man sagte, dass er ein berühmter Herr und König sei, kniete vor seinen Dienern und wusch ihnen die Füße! Er selbst, der König, kniete vor seinen Dienern! Das war wirklich kaum zu glauben. Und es war verständlich, dass sich die Diener schämten und sich dagegen wehrten. Es schien ihnen sichtlich peinlich zu sein, dass sich ihr Herr so vor ihnen erniedrigte.

Herr von Knabberstein schüttelte den Kopf. Ihm würde nicht einmal im Traum einfallen, vor Juppi zu knien, um ihm dann auch noch die Füße zu waschen. Juppi konnte ihm noch so viel bedeuten und sein bester und treuester Diener sein.

Der alte Mäuserich wurde aus seinen Gedanken hochgeschreckt, als Jesus plötzlich anfing zu sprechen.

»Ich habe euch ein Vorbild gegeben«, sagte er mit einer wohlklingenden eindringlichen Stimme, die keinen Widerspruch zuließ. »Ich habe euch gedient, so wie ihr anderen dienen sollt, denn der Herr ist nicht größer als sein Sklave. Glücklich seid ihr, wenn ihr meinem Beispiel folgt.«

Mit diesen Worten stand Jesus auf, teilte das Brot und begann das Abendessen mit seinen Jüngern.

Herr von Knabberstein stand wie versteinert da, er merkte nicht einmal, dass Juppi ihn sachte am Ärmel zog, um ihm mitzuteilen, dass die ersten Gäste gekommen waren. Plötzlich schien er jedoch wie aus einem Traum aufzuwachen, drehte sich strahlend zu seinem Diener um und ergriff ihn aufgeregt am Arm.

»Schnell, Juppi«, rief Herr von Knabberstein, »bring eine Schüssel mit warmem Wasser, Seife und frische Handtücher!« Kaum hatte er das gesagt, flitzte er auf seinen kurzen Mäusebeinen schon zum Hauptportal des großen Saales und bat seine Gäste einzutreten.

Er führte sie nacheinander an die Tafel, lud sie ein, Platz zu nehmen und ihre Schuhe auszuziehen und begann schließlich, ihnen genauso die Füße zu waschen, wie er es zuvor bei Jesus gesehen hatte. Seine Gäste protestierten, schämten sich und glaubten schon, der alte Herr sei völlig übergeschnappt, als er um Ruhe bat und in die Runde schaute. »Meine lieben Gäste«, begann der Mäuserich, »ihr glaubt gar nicht, welche Freude es macht, seinen Mitmäusen etwas Gutes zu tun. Besonders schön ist es für mich, meinem treuen Diener Juppi heute die Füße waschen zu dürfen. Es tut mir Leid, dass ich es nicht schon früher getan habe.«

An diesem Abend wurden aus einigen Gästen wirkliche Freunde des Herrn von Knabberstein. Einige verstanden ihn jedoch nicht, verließen entrüstet das Haus und kehrten nie wieder bei ihm ein. »Schade«, sagten sie. »Schade, dass er verrückt geworden ist.«

Arbeitshilfen

a) Verlaufsskizze:

Die Geschichte der Fußwaschung ist vielen Kindern (und Erwachsenen) nicht bekannt. Wenn das so ist, gelingt die Provokation des Füßewaschens außerordentlich gut. Ich habe deshalb mit einer Fußwaschaktion begonnen und die Geschichte von Herrn Knabberstein erst danach vorgelesen. Eventuell kann anschließend auch noch der Bibeltext selbst gelesen werden.

◇ Stummer Impuls: Eine Schüssel mit Wasser und ein Handtuch liegen in der Mitte eines Sitzkreises (beim stummen Impuls kommt es darauf an, dass man wirklich nichts sagt, auch nicht: »Ich hab euch etwas mitgebracht!« oder: »Schaut mal, was da steht!« o.ä.). Nach einer gewissen Zeit reden die Kinder von ganz allein, wenn sie nicht sowieso schon spontan reagiert haben.

◇ Die Kinder fragen, äußern Mutmaßungen usw.

Auftrag: *Zieht eure Schuhe und Strümpfe aus!*

◇ Das führt bei den meisten Kindern zu Protest, zu Abwehr, zu unsicherem Lachen. Trotzdem sollte man darauf beharren. Einige Kinder werden sicherlich bereit sein, die Füße in die Schüssel zu stecken und sie sich von der Lehrkraft waschen zu lassen. Dennoch sollte dieser Vorgang freiwillig bleiben.

◇ Hat die Lehrperson es erst einmal geschafft, die ersten Paar Kinderfüße zu waschen, erklären sich erfahrungsgemäß auch andere Kinder bereit, dem Beispiel zu folgen.

◇ Ein Gespräch schließt sich an.

Auftrag: *Was habt ihr gedacht oder gefühlt? Wieso war es vielen von euch peinlich?*

◇ Nun kann die Geschichte vorgelesen werden.

Hörauftrag: *Wieso hält Herr von Knabberstein das Füßewaschen plötzlich für wichtig? Wie hat er vorher gelebt?*

◇ Die orientalische Sitte der Fußwaschung sollte erklärt werden.* Da man im alten Orient gewöhnlich offene Sandalen trug, war die Fußwaschung nicht nur eine hygienische Notwendigkeit, sie gehörte vielmehr auch zur Ehrerweisung gegenüber den Gästen (1. Mose 18,4; Ri 19,21 usw.). Manchmal wurden die Füße zudem gesalbt (Lk 7,46; Joh 12,3). Das Waschen oder das Eintauchen der Füße in Öl oder Fett war ein Zeichen des Reichtums und des Überflusses (5. Mose 33,24; Hiob 29,6).
Nur wenn man in Trauer ging, blieb die Fußwaschung als Symbol der empfundenen Trauer aus.
Im Alten Testament diente die Fußwaschung als Reinigungsritual für alle Priester, die das Heiligtum betreten wollten.
Im Neuen Testament wird von einer Fußwaschung berichtet, die Jesus an seinen Jüngern beim letzten Abendmahl vornahm. Sie folgte auf den Rangstreit der Jünger (Lk 22,24-27). Jesus gab ihnen damit ein sichtbares Zeugnis seiner Liebe und den deutlichen Hinweis, dass in seiner Nachfolge nur das Dienen den Platz des Einzelnen bestimmt.
In der Fußwaschung und in der Geschichte geht es also darum, anderen zu dienen, jemandem etwas Gutes zu tun, vielleicht auch jemandem zu helfen. Das sind drei Ansätze, die in den Alternativen besprochen werden.

* z.B. nach: F. Rienecker / G. Maier, Lexikon zur Bibel, Wuppertal 1994

◇ Man kann nach dieser Geschichte mit den Kindern über ihre Gaben, Talente oder Fähigkeiten reden.

◇ Dann soll jedes Kind auf seinen Fuß (auf Tonpapier zeichnen und ausschneiden) diese Gaben aufschreiben.

Auftrag: *Was kannst du besonders gut? Schreibe es auf deinen ausgeschnittenen Papierfuß!*

◇ Das Geschriebene wird anschließend vorgelesen, und die Füße werden in eine große, aus Papier oder Pappe ausgeschnittene Schüsselform gelegt.

Auftrag: *Wie kann ich mit diesen Talenten und Gaben anderen aus der Gruppe helfen?*

◇ Jedes Kind kann nun Vorschläge machen, entweder für sich selbst oder auch für andere. Die Füße werden dann nach und nach herausgenommen und in der Gruppe verteilt. Dabei sollte darauf geachtet werden, dass jedes Kind einen Fuß erhält. Als Alternative könnte man die Kinder vorher je einen Namen ziehen lassen. Wenn die Gruppe sich gut kennt, sollte man aber durchaus versuchen, die Kinder selbst entscheiden zu lassen, wem sie ihren Fuß schenken und wem sie damit helfen wollen.

b) Alternativen:

◇ Die Lehrperson kann mehrere Wasserschüsseln bereitstehen haben, so dass auch die Kinder, die entweder schon gewaschene Füße haben oder aber sich die Füße nicht waschen lassen wollen, mithelfen können, den anderen die Füße zu waschen.

◇ Auf die Papierfüße kann auch ein Wunsch geschrieben werden, von welcher Person man manchmal gerne Hilfe hätte. Das können konkrete Personen der Gruppe sein, aber auch z.B. Eltern, andere Erwachsene, Freunde, Lehrer usw. Diese Füße können ebenfalls an die Personen weitergereicht werden. Manchmal entwickeln sich spannende Gespräche auch mit Erwachsenen, die nicht zur Gruppe gehören.

◇ Gutes tun ohne eine Gegenleistung zu erwarten - um dieses Thema zu vertiefen, bietet sich das *Wichtelmännchenspiel* an: Jedes Kind zieht anonym den Namen eines Kindes aus der Gruppe. Für dieses Kind ist es nun das Wichtelmännchen. Innerhalb einer festgelegten Zeit (einer Woche, während einer Freizeit, innerhalb eines Monats) muss es diesem Kind nun irgendetwas Gutes tun, ohne sich dabei zu verraten. Am Ende der Zeit erzählen die Kinder, was sie Gutes erlebt oder bekommen haben (vielleicht eine Packung Hustenbonbons bei einer Erkältung oder ein sauber gemachtes Bett während einer Freizeit).
Anschließend wird natürlich geraten, wer wessen Wichtelmännchen war. Hierbei kann jeder selbst entscheiden, ob er das Geheimnis lüften möchte oder nicht.

◇ Ähnlich ist es mit dem Dienen. Beim Helfen wird oft ein Dank ausgesprochen, der den Hilfeleistenden für seine Mühen entschädigt. Das Dienen bedeutet in dieser Geschichte auch Erniedrigung. Man tut z.B. etwas, was man gar nicht mag, eventuell sogar hasst (Abwasch, im Garten helfen, Zimmer aufräumen usw., es kann sich aber auch auf Personen beziehen, z.B. zu jemandem nett sein, den man »blöd« findet).

◇ Man kann die Kinder über einen gewissen Zeitraum hinweg Erfahrungen mit dem Dienen sammeln lassen und diese dann auf die Füße schreiben.
Wohin bringen mich meine Schritte? Stehe ich in der Nachfolge Jesu? Gehe ich ein Stück mit ihm mit? All das kann thematisiert werden. In Nachfolge stehen, hinter IHM hergehen, all das machen unsere Füße!

c) Materialien:

1. Eine Waschschüssel (als solche auch gut erkennbar) mit lauwarmem Wasser und ein Handtuch. Eiskaltes Wasser verdeutlicht nicht das Gemeinte!
2. Tonpapier für die Füße (bei jüngeren Kindern sollten Linien auf die Füße gezeichnet werden, damit ihnen das Schreiben leichter fällt).

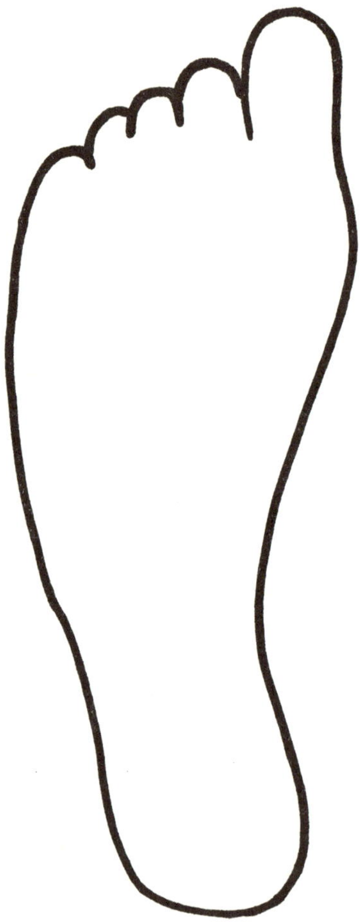

LITERATURVERZEICHNIS

Arbeitsstelle für ev. Religionspädagogik Ostfriesland (Hrsg.): Werkstatt für KU/RU, Aurich, Anregungen I-V.

CVJM-Gesamtverband in Deutschland e.V. durch Ulrich Parzany (Hrsg.): Lebenslieder, Verlagsgemeinschaft mundorgel verlag gmbh Köln/Waldbröl, 2. Auflage 1993.

Deutscher Jugendverband »Entschieden für Christus« (EC) e.V. (Hrsg.): Singt von Jesus Band 3, Born-Verlag, Kassel, 1. Auflage 1996, all rights reserved.

Dusza, Christine: So bunt ist die Stille, Phantasiereisen und Stille-Übungen für Kinder, R. Brockhaus Verlag, Wuppertal 1996.

Entdeckungen machen 1 - Grundausgabe, Cornelsen Verlag, Schwann-Girardet, Düsseldorf, 1. Auflage 1992.

Halbfas, Hubertus: Das dritte Auge, Patmos, Düsseldorf, 5. Auflage 1992.

Klaes, Christine: Bibliodrama mit Kindern, R. Brockhaus Verlag, Wuppertal 1996.

Kuhl, Lena (Hrsg.): Auf der Suche nach Gottes Geist - Feuer, Sturm, Taube & Co, Arbeitshilfen Grundschule 2, rpi, Loccum.

Rico, Gabriele L.: Garantiert schreiben lernen, Reinbek bei Hamburg 1987.